JN410823

효송(曉松) 이창형

시선집(詩選集)

그리움과 사색의 강

그리움과 사색의 강

초판 1쇄 인쇄 | 2024년 05월 01일
지은이 | 이창형
펴낸이 | 이재욱(필명:이승훈)
펴낸곳 | 해드림출판사
주　소 | 서울 영등포구 경인로82길 3-4(문래동1가 39)
센터플러스빌딩 1004호(우편07371)
전 화 | 02-2612-5552
팩 스 | 02-2688-5568
E-mail | jlee5059@hanmail.net

등록번호　제2013-000076
등록일자　2008년 9월 29일

ISBN　979-11-5634-584-8

그리움과 사색의 강

이창형 시집

해드림출판사

작가의 말

문단에 등단한 이후 꾸준히 써온 작품들을 모아 순차적으로 4권의 시집과 2권의 수필집을 전자책으로 발간하였었다. 필자가 종이책보다 전자책을 통해 작품을 발표해 온 것은 아무래도 전자책이 젊은 세대와 미래 세대의 독자들에게 다가가기가 쉬울 것이라는 판단 때문이다. 또 다른 이유는 전자책의 경우 인터넷 매체를 통한 책 홍보가 광범하고 수월하게 이루어지고 있기 때문이다.
그러나 아직까지 기성세대들은 전자책에 대한 접근이 용이하지 않기 때문에 종이책을 선호하는 경향이 있다. 독자층간의 이와 같은 불일치를 해소하기 위한 방편으로 이번에 그동안 전자책으로 펴냈던 시 작품 중에서 160여 수를 선별하여 『그리움과 사색(思索)의 강』이란 제목으로 종이책 시집을 발간한다. 그리고 독자들의 편의를 위하여 수록된 작품을 4개의 카테고리로 분류하였다.

제1부 「자연과의 대화」에서는 일상생활에서 만나는 자연이나 사물과의 진솔한 대화를, 제2부 「세월과 그리움」에서는 칠십 평생을 살아오면서 몸소 체험했던 잊히지 않는

기억들을, 제3부 「꿈꾸는 사랑」에서는 부모, 형제, 아내, 자식 등 가족과 고향, 학교, 직장, 사회 등지에서 만난 친구들에 대한 애틋한 사랑의 감정을, 제4부 「사색(思索)의 강」에서는 온전한 삶의 주관자로서 꼭 지켜야 할 인생관, 사회관, 국가관 등 자아실현에 관한 나름대로 소신을 시로 표현하였다.

시를 쓰는 이유는 사람마다 다르겠지만, 필지는 말이나 대화로써 다 표현할 수 없는 생각을 그때그때 시로 써서 남긴다. 인간의 마음은 마치 불타오르는 용광로와 같다. 시인은 그 용광로에서 끓어오르는 생각들을 시라는 이름으로 글을 써서 시집이라는 그릇에 담아둔다. 이번 시집은 그동안 칠십 평생을 살아오면서 가족들에게 못다 한 이야기들을 많이 담았다.

평생을 함께 우리의 가정(家庭, Family Garden)이라는 정원(庭園)을 묵묵히 가꾸어온 나의 동반자 아내, 우리가 가꾼 그 정원에서 열심히 열매를 맺어가고 있는 나의 믿음직한 꿈나무들 – 유현, 신지, 동하, 가현, 그리고 이 세상 그 무엇과도 바꿀 수 없는 나의 소중한 꽃들 – 준영이, 아린이 남매와 곧 이 세상에 태어날 쌍둥이 '사랑이'와 '선물이'에게 나의 애정 어린 마음을 담은 이 시집을 소중한 선물로 남기고 싶다.

2024년 갑진년(甲辰年) 삼월,

압구정 우거(寓居)에서 효송(曉松) 쓰다

효송 제1~4 시집 소개

제1 시집 『흐르는 강물은 멈추지 않는다』에서는 인간이 한평생 살아가면서 마주치는 자연과 사시사철 변화하는 계절에 관한 시를 주제로 삼았다. 1부 「강가에서 부르는 자연의 노래」 에서는 주로 자연과 사물이 인간에게 주는 신비로움과 자연에 대해 인간이 느끼는 경외심을, 2부 「흐르는 계절의 길목에 서서」에서는 사계절이 변화하는 우주의 섭리와 계절의 변화에서 느끼는 인간의 감정을 시로 표현하였다.

제2 시집 『우주를 유랑하는 별이 되어』는 그동안 살아오면서 우연찮게 만났던 장소와 각별한 인연을 맺었던 사람에 관한 시를 주제로 삼았다. 1부 「미지의 세계를 떠도는 방랑자의 꿈」에서는 지금까지 살면서 스쳐 지나온 마을과 도시는 물론, 주유했던 산과 강, 관람하였던 유물과 유적 등에 대한 주관적인 감상을, 2부 「아득한 기억 저편의 그리움」에서는 이 세상에 태어나 살아오는 동안 서로 인연을 맺었던 사람들과 풍습에 관한 잊히지 않는 기억들을 시로 담았다.

제3 시집 『한 번뿐인 인생 어떻게 살까』에서는 사람으로 태어나 한평생을 살면서 과연 어떻게 사는 것이 옳은가에 관한 시를 주제로 삼았다. 1부 「올바르게 사는 인생의 지혜」에서는 인간의 생로병사에 대한 근본적인 의문과 사람이 살아가면서 부딪히는 숱한 문제들을 풀어나갈 수 있는 지혜에 관한 나름대로 주관을, 2부 「모두가 잘사는 사회를 꿈꾼다」에서는 국가와 사회의 일원으로서 살아가야 하는 인간으로서 반드시 지켜야 할 정의, 윤리, 도덕, 관습, 법 등에 대한 바람직한 제안을 시로 담았다.

제4 시집 『솔향기 자욱한 새벽길을 서성이며』에서는 주변에서 만나는 자연 및 사물과의 대화, 인생과 인연에 관한 사색에 관한 시를 주제로 삼았다. 1부 「자연과 계절」에서는 사계절에 따라 변화하는 자연의 모습과 거기서 느끼는 인간의 감성을, 2부 「세월과 기억」에서는 이 세상에 태어나 칠십 평생을 살아오면서 몸소 체험했던 세상사에 관한 잊히지 않는 기억들을, 3부 「인연과 사랑」에서는 사랑하는 부모, 형제, 부부, 자식 등 가족과 고향, 학교, 직장, 사회 등에서 만난 친구들과 애틋한 인연을, 4부 「인생과 사색」에서는 사회공동체의 일원으로 살아가는 삶의 주관자로서 지켜야 할 인생관, 사회관, 국가관 등 제반 가치관에 대한 나름대로 소신을 시로 표현하였다.

차례

제1부 자연과의 대화

제2부 세월과 회상

제3부 꿈꾸는 사랑

제4부 사색의 강

제1부

자연과의 대화

자연의 섭리

봄에 피는 꽃이
아무리 예쁘다 한들
가을 열매보다
더 영롱한 빛일까

여름에 피는 모란꽃이
붉다 하지만
가을에 지는 단풍보다
더 붉으랴

중원(中原)의 태산이
아무리 높다 해도
가을날 청명한 하늘보다야
더 높겠는가

봄바람은 만물을
소생(蘇生)하게 하지만
가을바람은 온 세상을
영글게 하네

봄 여름 가을 겨울

봄은
겨우내 땅속에서 움츠렸던
만물이 다시 피어나는 것을 보는……(見)
소생의 계절이요

여름은
뜨거운 햇살과 쏟아지는 비를 맞으며
온갖 열매와 곡식이 열리는……(果)
성숙의 계절이다

가을은
높은 하늘과 시원한 바람 속에서
잘 익은 열매와 곡식을 갈무리하는……(收)
결실의 계절이요

겨울은
나뭇잎과 열매 모두 떨어지고……(虛)
뿌리만 겨우 살아남아 버티는
휴면의 계절이다

봄을 기다리는 마음

새파랗게 멀고도 머언
광활한 우주를
맘껏 치어다보면서
두 팔 크게 벌려
봄을 손짓하는 나목들

정중동이런가
고요함과 조용함 속에
그렇게 기다리던 봄날은
저만치 다가오고 있다

'봄'은 '보다'의 명사꼴

겨우내 멈추었던
뭇 생명의 태동을
눈으로 보고
마음으로 느끼는 계절,
그 경이로운 봄날이
어느새 가까이에 와 있다

새 생명의 기운

보슬보슬 봄비에 젖은 땅
쩍쩍 갈라져 숨 쉬는 흙

그 자그마한 틈새를 뚫고
살며시 고개 내미는 새싹

따스한 햇살 쏟아지는데
훈훈한 봄바람 불어오고

우주 만상에 감도는
새 생명의 기운

강 까치 한 마리 훌쩍 날아와
긴밤에 젖은 날개를 말린다

봄꽃

봄꽃이
은근히 다가와
귓속말을 건넨다

이 세상이
혼탁하고
어지러울 때에는
봄꽃을 바라봐

봄꽃은
추한 세상
정화하러
지상에 내려온
신의 고귀한 선물이야

달빛 매화

희미한 달빛 벗 삼아
밤마실 나섰더니
소리 없이 날 부르는 눈짓이 있어
도대체 누구일까
나도 몰래 곁눈질로 바라보았네

흙 담장 아래 나지막이 기대어선
키 작은 매화나무 한그루
그 여리고 여린 나뭇가지에
백설같이 새하얗게 피어난
어여쁜 매화 꽃송이를 보네

아리따운 그 자태를 보고
어찌 너를 사랑하지 않으랴
해마다 찾아오는 너이지만
세월이 가면 갈수록
보고 싶은 이 마음이 더할 줄이야

통도사 자장매

통도사 영각(影閣) 앞마당
붉은 홍매화
올해도 환하게 피었다는
반가운 소식 들려오네

비록 친견(親見)은 못 하지만
천혜향(天惠香)보다도
더 진한 천년의 향기
봄바람 타고 솔솔 전해오네

단 하루를 살다 가더라도 반드시
계율을 지키겠노라던
자장율사의 큰 가르침
천년의 세월을 넘어 울려오는가.

• 통도사 영각(影閣)은 옛 스님들의 진영 60여 점이 봉안된 특별한 공간이다. 이곳을 더욱 특별하게 만드는 존재가 있으니 바로 '자장매(慈臧梅)'로 불리는 홍매화다. 자장매라는 이름은 신라 시대 자장율사에게서 따왔다. 자장율사가 통도사 창건 후 금강계단을 열고 화엄경을 설하자 하늘에서 선녀들이 내려와 들었다고 한다. 이를 기념해 나무를 심고 지식수(知識樹)라고 했는데, 바로 매화나무를 일컬음이었다. 통도사 영각

앞에 있는 이 자장매는 수령이 370년 정도로 진분홍색 홑꽃의 홍매화로 우리나라에서 가장 일찍 피고 가장 오래 피는 매화로 알려져 있다. 그래서 사람들은 통도사 자장매가 피어야 비로소 봄이 오는 것으로 여긴다.

복수초

어미 닭이 품은 달걀의
하얀 속껍질을 깨고
그 안에서
노란 병아리가 깨어나듯

한겨울 숲속에 쌓인
하얀 눈을 제치고
그 속에서
노란 복수초가 올라왔다

노란 봄 햇살 맞으며
어미 닭 꽁무니를 좇아
올망졸망 봄나들이 가는
노란 병아리 떼를 기다린다.

하얀 목련

창문 너머 살며시
하얀 목련 피었네

행여나 누가 볼까
밤새 몰래 피었네

혼탁한 사바 세상
환하게 밝혀 주려

아침 햇살 받으며
촛불 인양 솟았네

산마을 봄비

산비둘기 마른 울음을 우는 아침
봄을 재촉하는 가랑비 내리는데

산마을 고요한 적막 속에
진달래 살구꽃 붉은 얼굴 내밀고

안개구름 피어나는 산마루엔
푸른 솔잎마저 푸르름을 더해가네

호접란

찬바람 부는 창가에
오도카니 앉아

여린 햇살 콕콕
찍어 먹더니

어느새 망울망울
꽃을 피우네

꽃잎은 하얀 날개
꽃은 자줏빛 초롱

활짝 날개를 펼치니
한 마리 나비일레라

고향의 봄

오래간만에 찾아온
내 고향 남녘땅

봄이 무르익어
산으로 올라간다

연초록 치맛자락
휘감으며 올라간다

산모롱이 이어지는
꼬불꼬불 오솔길

가슴 저미는 풀냄새
봄이 강물 따라 흘러가네

낙화

세상살이 늘 그러하듯이
아름다운 순간은
오래 머물지 않습니다

언제 필러나 하였더니
어느새 꽃잎이 지고
봄은 저만치 가고 있네요

화려했던 봄날에 대한
그리움과 아쉬움은
쉬이 사라지지 않을 겁니다

뜨거운 여름이 지나고
서늘한 가을이 오면
알찬 열매로 돌아오겠지요

사월의 동해바다

낙산 동해바다 속은
얼마나 깊어서
어쩌면 물빛이
저리도 짙푸를까

설악산 산 그림자
내려와 앉는 저녁
동풍이 불어와
파도가 일렁이네

바다 한가운데
외로이 떠있는 고깃배
금빛 물결 타고
어디로 가는 걸까

한적한 해변 모래밭
소나무 두 그루 마주 서서
밀려오는 파도 소리를
사이좋게 엿듣고 있다

신록 예찬

신록은 부활인가

지난가을 나뭇가지를 떠났던
낙엽이 신록으로 다시 태어나
산천을 온통 연둣빛으로 물들인다

신록은 윤회(輪廻)이런가

봄 여름 가을 겨울 다 지나고
다시 새 생명의 봄으로 돌아와
천지만물이 온통 푸른빛 세상이다

신록은 축복이다

연초록빛으로 물든 새벽 숲속에
뭇 새들이 찾아와 지저귀는 것은
그 얼마나 사뭇 경외로운 일인가

신록이 꽃보다 좋아라

화려한 봄꽃이 진 자리에
신록이 짙어간다

꽃은 피는 듯 금방 지고 말지만
신록은 오래도록 푸르러서 좋아라

꽃은 꽃밭을 아름답게 하지만
신록은 온 산천을 장식하니 좋아라

꽃은 자신의 아름다움을 뽐내지만
신록은 자신을 드러내지 않고
연초록 하나로 어우러져서 좋아라

꽃이 하룻밤 풋사랑이라면
신록은 은근히 묵은 사랑이라 좋아라

꽃은 현란하게 사람을 유혹하지만
신록은 사람을 편안하게 해서 좋아라

오월 그 어느 날

오월이라 햇살 고운 날에는
푸른 하늘 아래 나날이 짙어지는
연둣빛 투명한 마로니에 이파리
실루엣처럼 바람에 살랑이고,

어릴 적 고향집을 생각나게 하는
샛노란 겹황매화
울타리에 오밀조밀 엉킨 채
그 누구를 기다리며 피었는가

울안에 검붉게 피어난
오월의 모란 꽃잎은
그 옛날 완숙한 여인의
아리따운 자태를 닮았구나

오월이라 한결 부풀어 오른
새하얀 꽃 무덤의 이팝나무
그저 바라보기만 하여도
넉넉하고 아름다워라

불국정토에 핀 오월 장미

햇살 쏟아져 내리는 불국사역 꽃 담장
그 너머로 꿈꾸는 피안(彼岸)의 세계

함초롬히 비에 젖은 오월의 장미 송이
가녀린 고개를 수줍게 내밀고 있네

누구를 그토록 기다리느라
말간 얼굴이 저리도 붉게 물들었을까

기차가 역내로 들어올 때마다
온몸을 흔드는 장미 송이에게서
신라 처용무(處容舞)의 몸짓을 본다

기찻길 옆 기다란 화단 모퉁이
고양이 수염처럼 자란 풀밭 속

토우(土偶)의 가는 팔처럼 길게 뻗은
오월의 붉디붉은 장미꽃 무더기

신라 천년의 불국정토(佛國淨土)로

다시 회귀하려는가

선로끼리 끝닿은 머나먼 그곳
두 손 모아 간절히 기도하는
예정된 윤회의 긴 여정

오월의 푸른 세상

오월은
산도 푸르고
강물도 푸르고
하늘도 푸르구나

푸른 오월은
산과 강과 하늘의
경계가 따로 없으니
세상천지가 온통 푸르다

푸른 햇살 쏟아지는
오월의 숲속에 들어서면
물푸레나무 짙은 그늘 사이로
풀빛보다 더 푸른 바람이 불어온다

옥잠화

백합이 아무리 희다한들
옥잠화보다 더 흰빛일까

연초록 청초한 잎사귀
참 어여쁘다 여겼는데

하얗게 피어 난 꽃잎은
더할 나위 없이 예쁘다

가늘고 늘씬한 꽃 대궁이
솟아난 희디흰 꽃 이파리

그 무게를 이기지 못해
고개 숙이고 피어 있네

패랭이꽃

강변에 나갔더니
자줏빛 패랭이꽃
무더기로 피어났습니다

누가 정성들여 가꾼 것도 아닌데
형형색색으로 피어나
지나는 이의 눈길을 유혹합니다

자줏빛 노을이 내리는
저녁 강변길
패랭이꽃을 따라
자꾸만 걸어갑니다

패랭이꽃은 원래
바위에서 피는 대나무꽃
꽃잎은 자그마해도
곧고 당당한 그 모습이
언제 봐도 흐뭇합니다

빨간 독버섯

홀로 산길을 가다
예쁜 버섯을 본다

선홍색 빛깔이
하도 예뻐서

가던 길 멈추고
들여다본다

어디서 날아왔는지
흰나비 한 마리

앉으려다 말고
혼잣말로 속삭인다

"붉게 물이든 것은
틀림없는 독버섯"

그 말에 흠칫 놀라
가던 길 재촉한다

들꽃의 향연

강아지풀, 각시붓꽃, 갯패랭이
누가 애써 보살피지 않아도
스스로 알아서 피는 꽃

토끼풀, 아기똥풀, 민들레, 메꽃
키 작고 볼품이 없어
그냥 지나치기 쉬운 꽃

물망초, 며느리밥풀꽃, 나도바람꽃
화려한 색깔도 진한 향기도 없이
푸른 갈대숲에 고이 숨어 피는 꽃

갈대처럼 바람에 흔들리지도 않고
정원에서 가꾼 꽃처럼
쉬이 지지도 않고 오래 피는 꽃

가던 걸음 멈추고 서서
가만히 들여다보면
그 어떤 꽃보다도 어여쁜 꽃

자신을 잘 드러내지도 않고

으스대지도 않으면서
세상을 아름답게 하는 꽃

자연이 기꾸는 여름 들판의 초원
그 곳에서 피는 들꽃들의 모습에서
영원한 창조신의 존재를 본다

들꽃이 좋아라

들길을 걷다가
바람에 흔들리며
무리지어 핀
개망초 꽃잎을 보네

귀하진 않아도
작디작은 꽃모습
하도 어여뻐서
자꾸만 뒤돌아본다

산길을 가다가
터질 듯 빠알갛게
농익어 있는
산딸기를 바라보네

뜨거운 햇살에
반짝이는 그 모습
하도 영롱해
보석이 따로 없구나

유월 하늘

쏟아지는 햇살
눈부신 하늘

두둥실 흘러가는
흰 구름바다

백년을 산다는
구름의 나이

홀연히 사라지니
백 년이 찰나(刹那)

푸른 바람이 지나가는 길

칠월은 온통 푸르름이다
푸른 물감이 온 세상을 덧칠한 듯

북한산과 도봉산의 짙푸른 능선이
어쩐지 보고 싶어 수락산을 오른다

수락산 능선에 올라서면
어느새 바로 눈앞에 펼쳐지는
북한산과 도봉산의 거대한 산맥

북한산과 도봉산
산 이름은 달라도 그 뿌리는 하나

칠월의 한북정맥은
푸른 융단을 깔아놓은 듯
푸르디 푸른 녹음의 물결이다

그 물결 따라 마들평야를 지나서
수락산 능선으로 푸른 바람이 불어온다

비단결 같은 녹음이 춤을 춘다

푸른 바람이 지나가고 있는 것이다

푸른 녹음은 바람이 지나가는 길
바람이 지나가기를 숨죽여 기다린다

칠월의 푸르디 푸른 녹음을 보면
나도 모르게 눈물이 난다

그것은 슬픔의 눈물이 아니라
가슴속에서 솟아오르는 환희의 눈물이다

칠월의 강

칠월은 굽이치는 강물이
그리워지는 계절
산그늘이 흘러내리는
강가에 서면
강바닥 모래 틈에서
소슬한 강바람이 분다

칠월은 한줄기 소나기가
기다려지는 계절
먹구름이 흘러내리는
강가에 서면
강 언덕 미루나무 숲에서
비바람이 밀려온다

칠월은 고향의 흙 내음이
그리워지는 계절
청포도 송이송이 익어가는
강가에 서면
강 건너 원두막 위로
향긋한 바람이 날아온다

칠월에 지는 노을

칠월이라 말갛게 열린
푸른 하늘 저 높이
하루 종일 이글거리던 태양
이제 지구 저편으로
떨어져 내리면서
마시막 불꽃을 서편 하늘에 드리운다

강 건너 남산 전망대 위에도
이태원 해방촌 교회 종탑 위에도
한남대교 아래로 흐르는 강물 위에도
온통 선홍빛으로 물든
수도 서울의 하늘과 강

석양에 물든
느티나무 그늘 사이로
시원한 강바람이
부푼 가슴에 밀려오면
사랑의 밀어들이
한층 익어가는 칠월
오늘도 한강변엔 붉은 노을이 진다.

한여름의 오케스트라

한여름은
자연신이 지휘하는
오케스트라의 연주회

작열하는 태양은
연주 홀의 화려한 불빛이요

울어대는 매미의 합창은
고음의 바이올린 합주곡

기상나팔 트럼펫 소리로
한여름의 긴 하루가 열리면

첼로 음색처럼 부드러운 구름
꽃그림 같이 하늘을 수놓는다

문득 천둥은 북소리를 내며
한낮의 먹구름을 부르고

심벌즈의 찢어지는 파열음으로
번개가 소낙비를 몰고서 오면

플루트의 경쾌한 리듬같이
아름다운 빗소리 산천을 울린다

비발디의 사계절(Four Seasons)
제2장 여름(Summer) 악보에
이 모든 여름 음률이 살아 춤추네

우사(雨師)와 풍백(風伯)

비를 다스리는 신
우사는 변덕쟁이

밤새도록 비를 쏟아붓더니
어느새 새파랗게 갠 하늘에
흰 구름을 잔뜩 그려 놓았다

바람을 다스리는 신
풍백은 심술쟁이

밤새도록 거센 바람 불더니
제대로 익지도 않은 풋과일
우수수 떨어뜨려 놓고 갔다

저녁 강변 스케치

서편 하늘 저 너머로
하루해가 저물면
갑자기 사위가 어둑어둑해지고,

한강 다리와 강변도로에
여기저기 줄지어 늘어선
수많은 가로등이
일제히 오색형광 불을 밝힌다

강변은 순식간에
거대한 수채화로 변하고
사람들은 넋을 잃고 바라본다

수면 위로는
뚜렷한 실상이
그 아래는 흐릿한 허상이
강물에 하염없이 흔들리며
아름다운 실루엣을 이룬다

가을 햇살

청덕동 물푸레마을
짙푸른 산기슭

길섶에 앉아있던
까투리 두 마리

푸르르 날아가 버린
높푸른 하늘가

파란 가을햇살
실낱처럼 쏟아진다

내 마음도 까투리처럼
푸른 허공을 날아간다

나팔꽃(Morning Glory)

나팔꽃은
꽃의 신(花神)이
인간 세상에 내리는
아침의 축복과 영광

어둠이 내리면
스스로 시들었다가
어둠이 사라지면
다시 환하게 피어나네

나팔꽃은
신의 의지대로
어둠(暗)을 싫어하는
도덕심의 상징

나팔꽃의
바른 성정을 보면서
고운 햇살 비추는 아침마다
위선의 늪에서 깨어나네

명륜당의 늦가을 소묘

성균관(成均館)
명륜당(明倫堂)

오백 성상(星霜)
은행나무 두 그루

가을비 소슬바람에
우수수 떨어지는

진노랑
은행나무 단풍

차곡차곡 쌓여가는
샛노란 낙엽 속에

옛 전당(殿堂)의
가을은 깊어 가는데

오랜 세월이
수없이 흘러가도

그 흔적은 남아
그때 그 가을을 회상하네

가을이 주는 의미

단풍을 떨쳐 버린 나목은
공하고 허하다

가지에서 떨어져 나온 낙엽은
생명이 사라진 무의 상태다

공하고 허한 것은
쓸쓸하고 슬픈 현상이 아니라,

기존의 것을 버림으로써
새로운 것을 받아들이려는 징조다

무생명의 낙엽은
영원한 소멸이 아니라,

새 생명으로 환생하기 위한
우주 공간으로의 잠시 흩어짐이다

나목은 새 생명을 틔우기 위해
길고 차디찬 겨울을 견뎌낼 것이고,

낙엽은 원래의 흙으로 돌아가
새 생명의 원소로 환원할 것이다

산골의 겨울밤

검은 박쥐의 날갯짓처럼
산골에 자욱이 내려앉은
소한 추위의 겨울밤

지옥에서 온 저승사자의
검은 그림자처럼 싸늘하다

보일 듯 말듯 떠오른 초승달
담장 위에서 흘러나오는
도둑고양이의 새파란 눈빛

칠흑같이 어두운 소한의
밤을 밝히는 희미한 빛이다

눈발을 몰고 오는 찬바람 소리
먹이를 구하지 못해 울부짖는
산짐승들의 외마디 울음소리

정적처럼 고요한 소한의
밤을 깨우는 소슬한 소리다

아궁이 속에 타는 참나무 냄새
화롯불에 노릇노릇 익어가는
군고구마의 달착지근한 냄새

실타래처럼 기나긴 소한의
밤을 달래는 옛 추억의 냄새다

자연의 회귀와 순환

바람 한 점 없는
고요한 가을하늘
그 아래 우뚝 버티고 선
느티나무 고목에서
소리 없이 낙엽이 진다.

만유인력의 법칙인가
아니면
만물은 흙으로 돌아간다는
자연 회귀의 원리인가

우수수 떨어진 낙엽들이
수북이 쌓여만 간다
그 속에 새 생명의 씨앗이
긴 겨울을 나며 새봄을 기다린다

산사에 내리는 눈

깊은 산사에
새하얀 눈이
사각사각 내립니다

행여 눈이 내리는 소리 들릴까
사방은 쥐 죽은 듯 고요합니다

소복이 눈이 쌓여가는 산사
산새조차 보이지 않습니다

눈은 모든 것을 포용합니다
나무도 숲도 산길도
하늘까지 온통 눈빛입니다

대웅전 문틈으로 새어 나오는
목탁 소리만 긴 침묵을 깨웁니다

지워지지 않는 상흔

엊그제 쏟아진 대설
한파에 녹지 않고 쌓여,
드넓은 한강 변 고수부지
온통 흰 눈에 뒤덮인
설원으로 변했구나

노오란 아침 햇살을 받아
은백로 빛나는 설원
멀리서 바라다보면
아름답기 그지없다

나도 모르게 혹하여
설원으로 빨려 들어간다
눈밭 가까이 가보니
앞서 지나간 이들의
발자국이 선명하게 남았다

섬뜩한 생각이 뇌리를 스친다

누군가 아무 생각 없이
짓밟고 지나간 발자국이

또 다른 누군가의 가슴에는
지울 수 없는 상흔으로
남을 수도 있겠구나

얼어붙은 눈이 다 녹아야
발자국이 사라지듯이
누군가의 가슴에 남은 상흔도
그 생명이 다할 때까지는
결코 지워지지 않으리라

까치가 그린 눈 그림

밤새 내린 새하얀 눈가루
소복이 쌓인 눈밭

까치 한 마리 앉았다가
인기척에 달아난다

눈 도화지에 또렷이 남은
까치 발자국 둘

또 한 마리 날아와 앉았다
깜짝 놀라 달아난다

어느새 선명하게 새겨진
까치 발자국 넷

그들이 남긴 발자국 네 개
한 폭의 멋진 그림이 되었다

고목과 나목

영남알프스
깊은 산속

어느 산골마을
초겨울 풍경

고목 하나
우두커니 서 있고

나목은
바람에 떨고 있다

해는 저물고
인적은 끊어졌는데

캄캄한 어둠 속에서
갈 길을 잃었다

겨울 소나무

아무도 찾지 않는
겨울 바다

외로이 바위를 지키는
소나무 한그루

저 소나무마저 없다면
겨울 바다는 얼마나 삭막할까

어디서 날아왔는지
갈매기 한 마리

늙은 소나무에 앉아
바람이 멎기를 기다린다

해송

푸른 파도 넘실대는
해파랑길 가노라면
문풍지 떨림 같은
솔바람 소리를 듣는다

바람은 결코 혼자서는
소리를 내지 못한다
쭉쭉 뻗은 솔가지가
울어주기 전에는

하늘 높이 쭉쭉 뻗은
해송들 사이로
유난히 키 작고 가냘픈
해송들이 있다

산새랑 물새랑

산새는
산이 좋아
산에서 살고요

물새는
물이 좋아
강에서 살아요

산새는
푸른 산 맑은 정기 품고
푸른 날갯짓으로 날고요

물새는
파란 강 힘찬 기운 타고
파란 날갯짓으로 날아요

산새는
산 계곡 맑은 물길 따라
말간 냇물 소리로 울고요

물새는

강 언덕 바람 쫓아
힘찬 바람 소리로 울지요

산새는 산이 좋아
푸른 산속에 살지만
물새는 물이 좋아
파란 강가에 살아요

산새와 물새
서로 사는 곳은 달라도
살아가는 방식은 똑같아요

소나무 수묵화

솔향기는
빗물 젖은
솔방울에서
피어나고

솔바람은
파르르
솔 이파리에서
불어오네

해묵은
수묵화 속에
소나무 한그루
여전히 살아있다

강가의 유희

새파란 물새 한 마리
꽃가지에 숨었다가
인기척에 놀라서
포로롱 날아간다

나도 괜히 날고 싶다
저 높은 하늘 끝까지
단숨에 날아가고 싶다

은빛 물고기 한 마리
숨을 쉬러 나왔다가
바람결에 놀라서
지레 곤두박질을 친다

나도 괜히 뛰어들고 싶다
저 깊은 강물 속으로
한없이 빠져들고 싶다

물새와 텔레파시

갯버들 나뭇가지에 홀로 앉은 물새
넌지시 텔레파시를 보내온다
"예쁜 물새야! 넌 몇 살이니?"
"몇 살? 그게 뭔데요?"
"언제 이 세상에 왔느냐는 말이지"
"그게 왜 궁금하죠?"

머쓱해져서 다시 텔레파시를 보낸다
"그런데 넌 왜 사니?"
"그건 너무 우스운 질문 아니에요?"
"왜? 나에겐 심각한 문제인데……"
"엥? 살아 있으니까 사는 거잖아요"

괜히 부끄러운 마음에 다시 묻는다
"넌 왜 그렇게 하루 종일 울고 있니?"
"엥? 우는 게 아니고 노래하는 건데요"
"그건 그렇다 치고 노래는 왜 하는 거지?"
"그것도 참 바보 같은 질문이네요"
"왜? 쉬지 않고 노래하는 이유가 있지 않을까?"
"살아 있으니까 당연히 노래하는 거지요"

심통해진 마음에 마지막 텔레파시를 보낸다
"넌 죽음에 대해 어떻게 생각하니?"
"죽음이 뭔데요?"
"그것도 몰라. 이 세상에서 사라지는 것……"
"너무 관념적인 말이네요.
앞으론 그런 말 쓰지 마세요.
괜히 슬퍼지잖아요."

"그런데 사람이라는 동물은 참 이상해요"
"왜? 뭐가 이상하지?"
"쓸데없는 생각을 너무 많이 하는 것 같아요"
"그게 왜 쓸데없는 생각일까?"
"그냥 노래나 열심히 하고 지내세요"

대화는 어느새 끊어지고
물새는 어디론가 훨훨 날아가 버렸다

산새는 동시에 울지 않는다

산중의 아침나절
산비둘기 울고 간 뒤에
뻐꾹새가 울고 있다

들어보라!
산새는, 산새는
동시에 울지 않는다

한 산새가 울고 나면
잠시 기다렸다가
다른 산새가 따라서 운다

우주와 자연의 이치는
동물이나 인간이나
전혀 다르지 않다

한 사람이 말을 할 때는
정중하게 경청한 뒤에야
다른 사람이 말을 해야 한다

산수화

산 위에 솟아난 바위인가
바위 위에 솟아오른 산인가

산과 바위가 어울려
한 폭의 산수화가 되었네

산 속에 피어난 안개인가
안개 속에 숨어버린 산인가

산과 안개가 어울려
한 폭의 수묵화가 되었네

제2부

세월과 회상

세월의 강을 건너

하얀 구름 한 조각 오려다가
조그만 돛단배를 만들고

파란 하늘 두 조각 베어다가
기나긴 강물을 만들어 놓고

힘껏 인생의 노를 저으며
세월의 강을 건너가 볼까

세월의 강

참으로 멀리도 지나와 버렸네
어디로 가고 있는 줄도 모른 채
그냥 여기까지 흘러 흘러서 왔구나

지금은 어디쯤 와 있는 걸까?
지나온 기나긴 노정
뒤돌아보니 아득하기만 한데

또 한 해가 소리 없이 저문다
도대체 얼마만큼 남았을까?
정처 없이 가야 할 길은

섣달그믐 안개 짙은 강가에
홀로 우두커니 서 있다
갈 길 잃고 헤매는 물새처럼

생명의 숲

서숲 저 깊은 흑갈색 땅 속에
생명의 말간 샘이 흐른다

여름엔 이가 시리도록 차고
겨울엔 모락모락 김이 나는 샘

사시사철 맑은 물이 흐르는
서숲에 뭇 생명들이 자란다

바람에 날려 온 씨앗이 떨어져
푸른 잎이 자라고 온갖 꽃이 핀다

지렁이가 굼실굼실 기어 다니고
개미들은 쉴 새 없이 집을 짓는다

산새들은 바삐 날아와 지저귀고
다람쥐는 솔가지 위를 날아다닌다

서숲은 영원한 생명의 숲
지친 사람들이 찾아와 쉬어 간다

• 서숲 : 포항시 기계면 현내리 고향마을에 있는 소나무 숲이다

흘러가는 구름

하늘에 흘러가는 구름이 없다면
인생이 무상함을 어찌 알며

강물이 흐르지 않는다면
세월 되돌릴 수 없음을 어이 알리

꽃이 피었다가 지지 않는다면
열매가 알알이 영그는지 어찌 알며

허공에 부는 바람이 없다면
내 마음 흔들리는지 어찌알겠는가

석남사의 새벽

석남사
청기와

비구니
염불송

청정계곡
물소리

소나무
바람 소리

백팔번뇌
구름 조각

극락왕생
사바세계

• 석남사(石南寺)는 울주군 영남알프스 가지산 자락에 위치한 천년고찰이다.

흔적

거센 바람, 찬 서리
풍상(風霜)의 세월이 남긴
나무의 흔적, 나이테

근심과 걱정으로 점철된
고난의 세월이 남긴
인간의 흔적, 주름살

새벽 거울 위에 그려진
깊게 파인 주름살
켜켜이 쌓인 지나온 세월

그리 아름답진 않지만
삶이 주는 자랑스러운 훈장
주홍글씨처럼 뚜렷이 새겨 있다

아직 기억이 살아있을 때

여태껏 살아오면서
기뻤던 일
즐거웠던 일
설레었던 일을
기억해내는 것은

어릴 적 어머니가
쌀독에 고이 넣어둔
곶감을 빼먹던 것처럼
짜릿하고도 달콤하여라

그렇게 소중한 기억들이
어느 날 문득 사라져 버린다면
삶은 얼마나 허전하고 또 슬플까
아직 기억이 생생하게 살아있을 때
하나씩 꺼내 맘껏 음미해야 할까 보다

달빛 시대

전깃불이 없던 시절
어둠을 밝히는 달빛은
경이로움의 상징이었지

시선 이태백은
어스름 달빛을 벗 삼아
술잔을 기울이며 시를 읊고

악성(樂聖) 베토벤은
피아노 건반을 두드리며
달빛 소나타를 연주했었네

어릴 적 달이 밝은 밤이면
농네 아이들 모두 나와
밤이 이슥하도록 놀았었지

지금은 전깃불에 가리어
고운 빛을 잃어버린 달님
추상화 속 도형처럼 허허롭다

여름방학의 추억

손꼽아 기다리고 기다리던
즐거운 여름방학이 시작되면
소먹이기는 아이들 몫이었다

뜨거운 여름 해가 중천에 걸리면
점심도 먹는 둥 마는 둥
부리나케 소를 몰고 집을 나섰지

동네 물레방앗간을 지나고
그늘 짙은 소나무 숲을 지나면
맑은 물이 흐르는 샛강이 나왔다

아슬아슬한 징검다리를 건너
뒷동산 기슭에 다다르면
먼저 온 아이들이 마냥 기다리고

어느덧 동네 소들이 모두 모이면
소는 방울을 울리며 산으로 올라가고
한가한 아이들은 강에서 멱을 감았다

해가 지고 산기슭에 어둠이 내리면

소들은 저절로 아이들에게 돌아오고
목동은 소를 타고 집으로 돌아갔다

소 팔려 가던 날

애지중지 키우던 소를 내다 팔던 날
동창에 해가 채 밝아오기도 전에
거간꾼들이 들이닥쳤다

깨끗이 치워진 마구간 한구석
아침 여물을 삼키던 소는
얼른 눈치를 채고 울부짖었다

거간꾼들이 우르르 달려들더니
소고삐를 낚아채서 끌고
버둥대는 엉덩이를 밀어젖혔다

마구 끌려가는 소도 울고
갓 태어난 젖먹이 송아지도 울고
숨죽여 지켜보는 식구들도 울었다

하루 종일 소 울음이 떠나지 않고
식구들 귓가에서 웅~웅 거렸다
그 이후 소의 소식은 듣지 못했다.

이 달이 그 달은 아니라네

해마다 추석이면 바라보는
휘영청 밝은 보름달이지만

오늘 맞이하는 이 달이
예전의 그 달은 아니라네

달이 변한 것이 아니라
내 마음이 변한 것이라네

연륜이 쌓여갈수록
달이 친근하게 느껴짐은

자연과 동화되어 감을
의미하는 것이 아니겠는가

동짓날 밤의 기억

풀려버린 실타래처럼
길고도 길었던 동짓날 밤
텅 빈 뜰에선 밤새도록
떡고물 같은 눈이 내렸지

처마 끝에 매달린 고드름
자꾸만 길게 늘어지던 밤
활활 타오르는 화롯불 가에
옹기종기 둘러앉은 식구들

옛이야기 들으며 먹었던
살짝 언 팥죽과 동치미 국물
나이만큼 새알심 수를 세어가며
봄이 오기를 기다리던 동짓날 밤

실개울 꽁꽁 언 얼음장 아래로
실낱처럼 흐르던 시냇물
문풍지 틈으로 새어들던 칼바람
모두 만물이 회생하는 소리였던가

제야

제야는 끝이 아니라
영원 속의
또 하나의 매듭이다

매듭은 끊어짐이 아니라
이어짐의 연속

시간은 인간이 만들어낸
스스로 속박일 뿐

우주적 관점에서 보면
존재는 시작도 없고 끝도 없는 것

시간을 죽이면서 살기보다는
시간을 의식하지 않고 산다면
순간을 영원처럼 살 수 있지 않을까

고향 생각

고향은 마음속에만 존재하는
한낱 신기루인가

찾아가 보면
기억이 가물가물한데

눈을 감으면
오히려 또렷이 떠오른다

철 따라 온갖 꽃 피고 지던
옛집 화단도 보이고

쉬지 않고 집 앞을 흐르던
개울물 소리도 들린다

들판에 오도카니 앉은 원두막 아래
수박 참외가 익어가고

원두막 주인은 어디로 갔을까
동네 아이들 여럿이 놀고 있네

한여름 친구들과 물장구치던
그 실개천에 소낙비 내리고

소 풀 먹이던 뒷동산엔
저녁 어스름이 자욱이 내리네

옛집 굴뚝 위로 저녁연기 피어오르면
어머니! 사립문 나와 '어서 오라' 부르신다

고향은 지워지지 않은 이상향인가
세월이 흘러도 마음은 늘 그곳에 가있네

고향마을 팽나무의 기억

푸르렀던 나의 찬란한 날들이
다시 오지는 않겠지요

굳이 누가 말해 주지 않아도
너무나 잘 압니다

그래서 더욱 슬픈 건지도
모르겠습니다

봄바람에 하염없이 휘날리던
새파랗게 물이 오른 나뭇가지

여름 햇살처럼 환하게
반짝이던 푸르른 이파리

지금은 모두 지나간 날의
꿈결 같은 이야기입니다

그래서 더욱 그리운지도
모르겠습니다

그래서 더욱 소중한지도
모르겠습니다

그냥 묻어두고 지나가기에는
너무나 아쉬운 기억입니다

그리운 옛 고향집

나 태어나 자랐던 어릴 적 옛집
이미 오래전에 흔적 없이 사라지고
웬 도자기 공방이 들어섰더라

하지만 그렇게 슬프지는 않아
내 기억 속에 남아 있는 옛집은
색 바랜 흑백사진보다 더 또렷해

봄이면 화단에 지천으로 꽃이 피고
집 앞 개울가 늘어진 수양버들은
숫처녀 긴 머리채처럼 춤을 추었지

우리 오 남매 제비 새끼처럼 재잘대고
소 개 돼지 닭 토끼 금붕어 잉어
앞마당 뒷마당은 온통 동물원이었어

참새 까치 굴뚝새 아침마다 날아와
하루 종일 마당가에서 모이를 쪼고
봄이면 나비 벌이 춤을 추며 놀던 곳

지금도 가만히 눈을 감으면

그 시절 부모 형제의 그리운 모습이
끊어진 영화 필름처럼 멈추어 있네

고향

고향은 산이다
푸른 능선이 끝없이 이어지고
옛사람들의 영혼이 편히 쉬는 곳
그 산천은 언제 보아도 편안하다

고향은 들이다
넓은 논밭이 누렇게 펼쳐지고
온갖 곡식과 과일이 익어가는 곳
그 들판은 언제 찾아와도 푸근하다

고향은 고목이다
늙은 가지들이 활처럼 휘어지고
어릴 적 동심과 친구가 생각나는 곳
큰 고목은 언제나 그 자리에 서 있다

석류꽃 피는 계절

옛 고향 집 우물가
석류 한 그루

시집간 큰누이
친정 올 때면

송이송이 피어나던
새빨간 석류꽃

어디쯤 오고 있을까
궁금해지면

하릴없이 들여다보던
우물 속 풍경

우물만큼 작고 동그란 하늘
그 속에서 빨갛게 웃고 있던

지금도 아련히 떠오르는
송이송이 석류꽃

물레방아 도는 마을

어릴 적 동구 밖 언덕진 개울가에
오래된 물레방앗간이 있었습니다

겨우내 돌지 않던 물레방아는
꽁꽁 얼어붙은 개울물이 녹고
버들강아지 새 눈을 트기 시작하면
시냇물 쏟아지는 소리와 함께
우렁차게 돌고 돌았습니다

개울가 수양버들잎 푸르러지고
돌무덤에 하얀 찔레꽃 피어날 때면
바람난 동네 총각들 삼삼오오 모여
시근덕거리며 설레발을 쳤습니다

동네 당수나무에 어스름이 내리면
물레방앗간에 처녀총각 귀신이 나와
밤새도록 춤을 추는 걸 보았다고
해가 지면 어린아이들은 절대로
방앗간 근처에 가면 안 된다고
두 번 세 번 으름장을 놓았습니다

그럴싸한 이야기에 놀란 아이들은
밤마다 무서운 처녀총각 귀신 꿈을 꾸고
행여나 만날 새라 물레방앗간 근처에는
아예 얼씬도 하지 않았습니다

만물이 생동하는 봄날이 되면
동네 처녀총각들 쌍쌍이 짝을 지어
밤마다 물레방앗간에 들락거린다는 것을
알게 된 건 한참 세월이 흐른 뒤였습니다.

참꽃과 연달래

봄이 돌아오면
고향 산천에는
붉디붉은 참꽃이
들불처럼 피어났었지요

아이들은 신이 나서
산과 들로 뛰어다니며
입술이 새파래지도록
참꽃 잎을 따서 먹었지요

참꽃이 진달래인 줄은
김소월의 시를 읽고야
알게 되었지요

참꽃이 지고 나면
이내 연달래가 피었지만
연달래 잎은 먹지 못해서
많이도 서운했었지요

연달래가 철쭉인 줄은
한참 후에야 알았지만

연달래란 그 참한 이름을
못내 잊을 수가 없었어요

비 내리는 고향 집

오랜만에 찾아온 고향 집
꽃 단비 내리는 창가에 앉아
형형색색 꽃들 피어난
푸른 마당을 바라다 본다

작은 연못에 떨어지는 빗방울
동그라미 그리다 이내 사라지고
화단에 핀 작약 장미꽃
포롱포롱 빗물을 머금었다

멀리 봉좌산 산마루에
봉황새처럼 비구름 내려앉고
푸릇푸릇 물오른 소나무는
송화 꽃이 누렇게 피어있네

• 봉좌산 : 포항시 기계면 고향마을에 위치한 산이다.

감꽃이 필 때면

초롱 같은 감꽃이 노랗게 피는
오월의 이른 새벽이면
나도 모르게 절로 눈이 떠졌다

간밤에 불던 바람 소리 잦아지고
하얀 이슬 머금은 예쁜 감꽃이
뒷마당에 한바닥 널려 있었지

뒷마당 가지 큰 감나무 밑에는
초여름 햇살이 밝기도 전에
동네 아이들이 몰려오고

감꽃 이파리 한 움큼씩 집어
입안에 넣고 살짝 머금으면
침샘 가득 고이던 새콤달콤한 그 맛

대바구니 가득히 감꽃이 차오르면
바느질 실에 꿰어 만든 둥그런 꽃목걸이
저마다 목에 걸고 뽐을 내곤 했었지

능소화 피는 계절

그 언제였던가?
젊음이 활화산처럼 불타오르던 시절
북한산 대성문에 올랐다가
해질녘 성북동 성곽을 따라 하산했다

그날따라 티 없이 맑은 하늘 아래
성북동 어느 저택 높은 담장을 타고 올라
요염한 여인처럼 피어있던 복숭아빛 능소화
그 오묘한 모양과 빛깔, 첫눈에 반해 버렸다

언젠가 나도 능소화를 심으리라
그날 그렇게 다짐했는데, 세월이 흘러
어느 해 봄날 양평장에 들렀다가
묘목 세 그루 사다 시골집 울타리에 심었다

그해 여름 무럭무럭 자라난 넝쿨이
담장을 타고 높이 높이 올라가길래
이듬해 유월 행여나 꽃이 필까 기다렸으나
잎만 무성한 채 꽃은 피지 않았다

꽃이 피지 않는 능소화도 있는 걸까?

'참 이상한 일도 있구나'
실망이 이만저만 아니었는데
그다음 해 거짓말처럼 예쁜 꽃이 피었다

그 모습이 어찌나 우아하고 신비롭던지
하루 종일 능소화 꽃잎만 바라보았는데
바람 불던 어느 날 새벽에 일어나 보니
밤새 누가 그 어여쁜 꽃을 꺾어버린 걸까?

미처 시들지도 않은 싱싱한 꽃잎이
그냥 그대로 땅바닥에 툭 하니 떨어져
하늘을 향해 뒹굴고 있었다
그 모습이 어찌나 애처롭던지

오지 않는 낭군을 오매불망 기다리다 지쳐
단숨에 목숨을 끊어버린 궁녀 '소화'처럼
올여름에도 능소화는 우아하게 피었다가
언제나처럼 그렇게 또 속절없이 지고 있네

옛 고향의 겨울, 그리움

남은 이파리 하나 없는
나뭇가지 사이로
겨울 하늘을 쳐다본다

구름 한 점도 없는
새파란 하늘
얼음장같이 차다

방문 문고리를 잡으면
손이 쩍쩍 달라붙던
어릴 적 시골집의 겨울

마을 앞 무논에 얼음이 얼면
동네 아이들 모두 나와
종일토록 썰매를 지치고

논둑에 마른 가지 주워 모아
불 난로를 만들고 오손도손 모여
젖은 옷 말리던 옛 고향의 겨울

아득한 겨울 풍경

겨우내 흙구덩이에 묻어둔 김장독에서
꺼내 먹는 해묵은 김치 마냥
기나긴 겨울밤 뒤주 깊숙이 넣어두고
하나둘 꺼내먹던 감 홍시처럼
문득문득 생각나는 먼 기억 속의 편린

볏짚 이엉을 덮은 초가지붕
나뭇가지로 엮은 울타리와 사립문
처마 밑에 걸려있던 메주 덩어리
댓돌 위에 가지런히 놓여있던 고무신

사시사철 밤낮없이 돌던 동네 물레방아
마을 어귀에 서 있던 키 큰 장승
뒷산 절집 마당을 지키던 당간지주
초등학교 교정에 서 있던 이순신 장군 동상
다리 힘으로 돌려야 했던 디딤 탈곡기

그 어느 한 가지라도 소중하지 않은 것이 있으랴

겨울 참새의 기억

참새는 혹한의 겨울이 찾아와도
고향 집 뜰 안을 떠나지 않고 머물렀다

온기 가득한 굴뚝 가까이
깊은 처마 안에 보금자리를 짓고
뒷마당 한편 곡간 주위를
한겨울 내내 맴돌면서 지냈다

날이 밝으면 키 큰 감나무 가지 위로
참새들이 우르르 날아올랐다간
밤하늘에 은하수 별빛 쏟아지듯
우수수 내려앉곤 하였다

그러다 찬바람이 불어오면
이쪽 감나무에서 저쪽 감나무로
무리를 지어 바쁘게 날아다녔다

함박눈이 펑펑 쏟아져 내리는 날이면
하얀 눈밭에 참새 떼 소복이 내려앉아
눈 속에 숨은 곡식알을 콕콕 쪼아댔다

참새는 도무지 겁이라곤 없었다
닭 모이통에 들어가 모이를 빼어 먹고
누운 황소 등에 날아올라 놀기도 하였다

뒷동산에 눈이 내리면

고향 뒷동산에 함박눈이 내려
아이들 무릎까지 눈이 쌓이면
떼를 지어 토끼몰이에 나갔다

한패는 산꼭대기로 올라가고
한패는 산중턱에서 기다렸다

산꼭대기에서 토끼몰이를 하면
눈밭에 갇혀 있던 산토끼들이
산중턱으로 쫓겨서 내려왔다

앞다리가 무척 짧은 산토끼는
산을 오를 때는 재빨라도
눈밭을 내려올 때는 힘겨워했다

산중턱 깊은 눈밭 여기저기서
아이들의 환호성이 터지면
어느새 토끼몰이는 끝이 났다

겨울 노송의 비애

젊음이 솔잎처럼 푸르렀던 어느 겨울
그 길고도 길었던 겨울 한철을
설악산 깊은 암자에서 지냈다

함박눈이 시도 때도 없이 쏟아져 내려
온 산천이 세상과 두절 되는 날이면
솔잎에 쌓인 눈 더미의 무게를 이기지 못한
늙은 소나무들이 저절로 부러져 무너지는
둔탁한 소리에 밤새도록 잠을 설쳤다

긴 겨울 지나 무서웠던 눈발이 그치고
계곡에 봄 물 흐르는 소리 높아지면
어느새 벌목꾼들이 산에 올라왔다

쓰러진 나무들은 토막토막으로 잘리고
잘 다듬어진 목재를 실어 나르는 트럭들이
운구 행렬처럼 바쁘게 산을 오르내렸다.

남산골 굽은 소나무

남산 올라가는
오솔길 옆
응달진 계곡

몹시도 허리 굽은
소나무 한 그루
쓰러질 듯 누웠다

기나긴 모진 세월
얼마나 힘들었으면
저리도 굽었을까

그래도 노쇠한 지금은
거센 바람 피할 수 있으니
곧은 나무 부럽지가 않구나

신천지의 꿈

새봄이 찾아온다고
무어 그리 달라지겠습니까

기대와 실망
매년 반복되는 일이지만
그래도 은근히 기다려집니다

새로운 세상이 열리리라는
간절한 꿈과 희망

실망도 쌓이고 쌓이면
마음의 병이 됩니다

그래도 그마저 버리고 산다면
우리의 삶이 얼마나 슬프겠습니까

새봄이 품고 올지도 모르는
막연한 꿈과 희망을 찾아
오늘도 강변을 서성입니다

봉은사 후원의 봄

홍매화 붉게 피어나는 봄이면
나도 모르는 사이에 저절로
발길이 닿는 봉은사 뒤뜰
홍매화, 백매화, 목련, 산수유
살구꽃, 복사꽃, 온갖 봄꽃이
흐드러지게 피어나는 곳

어여쁜 꽃도 꽃이려니와
내 눈길을 사로잡는 건
단연 추사 선생의 글씨
조선이 낳은 최고의 명필
완당 김정희
그가 남긴 글씨가 살아 숨 쉬는 곳

이 세상과 이별하기 삼 일 전
71세 와병 중에 썼다는
판전의 현판 글씨
그 예리한 붓놀림은 어디로 가고
삐뚤삐뚤 흘려 쓴 어설픈 모습

힘찬 기운이 없어도 정겹기만 하여라

- 추사 김정희(金正喜, 1786~1856년) 선생은 1851년 북청(北靑) 귀양살이에서 돌아와 경기도 과천(果川)에 과지초당(瓜地草堂)을 지어 기거하면서, 틈만 나면 봉은사(奉恩寺)에 들러 시인묵객(詩人墨客)들과 교유(交遊)를 즐겼다. 당시 추사 선생은 자신을 과노(果老 : 과천에 사는 노인)라고 불렀다. 봉은사 대웅전(大雄殿) 현판 글씨도 추사 선생이 쓴 것이다.

천년고도 경주

경주의 산들은 신라 왕릉을 닮았다
나지막하고 둥그스름한
서라벌의 앞산, 뒷산, 그리고 옆 산
산이 능이요, 능이 곧 산이다

경주의 집들은 신라 왕궁을 닮았다
날아갈 듯 고이 접어 올린
서라벌의 기와지붕, 기와 담장
집이 궁이요, 궁이 곧 집이다

경주의 하늘은 신라의 혼을 닮았다
남빛 하늘에 한없이 드리워진
서라벌의 새털구름, 양떼구름
하늘이 혼이요, 혼이 곧 하늘이다

경주 사람들은 남산의 미륵불을 닮았다
모나지 않고 속정이 깊은 신라 천 년의 미소
화랑과 원화의 정갈한 마음
사람이 미륵이요, 미륵이 곧 사람이다

경주 토함산

구름 낮게 내려앉은
서라벌 토함산

향기처럼 피이나는
신라의 숨결

불국사 석굴암
원효와 의상

법화 신라 정신
그 속에 깃들어

기나긴 천 년 세월
꿈꾸는 불국토(佛國土)

내연산의 늦가을

내연산
열두 폭포

폭포마다
낙수 소리

푸른 소(沼)
깊은 물속

미소 짓는
관음보살

보경사
오층석탑

두 손 모아
비는 극락

붉은 산
지는 단풍

깊어 가는
내연산 늦가을

무주의 만추

적상산
붉은 치마

불타는
오색 단풍

비 내리는
덕유산

산허리
안개구름

무주라
구천동

가도 가도 계곡 길
그 끝은 어디인가

할미산성 가는 길

할미산 숲길 따라서
피어나는 산벚꽃

하얀 꽃잎 떨어져서
꽃길 되었네

할미산성 돌담 아래
피어난 할미꽃

고개 숙인 그 모습이
자못 서러워

어디서 날아왔는지
하얀 봄 나비

이름 모를 풀잎 위에
날갯짓하네

낙산 한양도성 마을 풍경

낙산 한양도성
구불구불 이어진 끝없는 둘레길
가을 햇살 마른 풀잎 우거진 속에
나팔꽃 들국화 무더기로 피어 있고

성곽 순성길 아래 아주 오래된 마을
옹기종기 모여 앉은 낡은 양옥집 사이로
색 바랜 기와집도 간간이 보인다

새파란 가을 하늘에 동그마니 걸린
첨탑 높은 동네 교회 종탑에선
까마득히 잊고 지냈던 종소리 들리고

문득 어디에서 날아왔는지
빨간 고추잠자리 한 마리
성곽 하얀 돌 위에 앉았다가
푸른 하늘 위로 휑하니 달아난다

옛 동네 수백 년 묵은 느티나무 아래
토박이 노인 서넛 살평상에 둘러앉아

찌그러진 양은 막걸릿잔 앞에 놓고
돌아오지 않는 세월을 헤아리고 있는가

강화 정수사의 나목

숱한 세월의 강 건너
다시 찾은 정수사(淨水寺)

고즈넉한 절간 마당에
저녁 안개 피어오르고

천년고찰 아름드리 고목
텅 빈 나목으로 서 있다

긴 세월 모진 비바람
세상 풍파 다 견디고

고목 밑둥치 저 깊은 곳에
그리움만 켜켜이 쌓였는가

바닷바람 세차게 밀려오는 시간
나지막이 울어대는 풍경 소리뿐

설악산 백담사 찾아가는 길

음력 이월 시샘 달 스무이틀
내설악 영봉엔 눈발이 날리고
계곡엔 고드름이 달려 있네

인적 끊기고 새들도 울지 않건만
깊은 개울물 굽이굽이 흐르고
흰 구름은 소리 없이 흘러가네

구름처럼 물처럼 산천을 떠돌다가
천 리 길도 마다하지 않고 찾아와
잠시 쉬어가던 스님들의 참선 도량

만해 스님 열여덟에 출가하여
색진번뇌 물리치던 님의 긴 침묵
오늘은 오지의 정적으로 남았네

서봉사의 설국(雪國)

좀처럼 눈이 내리지 않는 올겨울
사락사락 내리는 눈발이 그립다
소복소복 쌓이는 눈꽃이 그립다

스무 살 한겨울 혼자서 찾아갔던
강원도 홍천군 서봉사 절간
그곳은 눈 속에 갇힌 외딴 섬이었다

겹겹이 얼어붙은 첩첩산중 깊은 계곡
보이는 것이라곤 보자기만 한 하늘
그래도 한낮엔 햇볕이 쏟아져 내렸다

하루 종일 소리 없이 눈발이 내리던 날
우지끈 솔가지 꺾어지는 소리에
밤새도록 잠을 이루지 못했던
그 하얀 설국이 몹시 그리워지는 밤이다

• 서봉사(棲鳳寺) : 강원도 홍천 아미산 기슭에 위치한 절이다.

슬로시티(Slow City) 청산도

여기가 청산도라 했던가
남도라 황톳길 따라
서해바다 건너 찾아 왔구나

점점이 연둣빛으로 물들어가는
푸르고 푸른 청산도

봄바람에 파도 물결 일렁이는
다도해의 외딴 섬

서편제 구성진 가락에
유채꽃 한없이 흔들리고

초분(草墳)에서 썩어 문드러질 육신
한 줌의 미련도 없이 남겨 두고

더없이 맑아진 숱한 영혼들
저 푸른 하늘 꽃구름 가마 타고
어디론가 훨훨…… 끝없이 날아가네

슬도

울산 방어진 바닷가
방파제 너머 자그마한 섬
그 이름도 아름다운 섬, 슬도

숭숭 뚫린 바위 구멍 사이로
넘나드는 파도 소리가
거문고 소리처럼 구슬프다

이름만 듣고 찾아온 슬도
부슬비는 내리는데
섬 끝에 서서 갈 곳을 잃었다

어둠을 뚫고 섬을 돌아 나오니
어느덧 섬의 모습은 사라지고
구슬픈 파도 소리만 들려온다

영축산 통도사

양산 영축산 남쪽 기슭
천년 고찰 통도사

부처님 진신사리 모신
우리나라 불보사찰

소나무 우거진 숲길을 따라
계곡의 다리를 넘으면

안개 속 피안의 세계
'어서 오라' 손짓을 하네

• 통도사 : 낙동강과 동해를 끼고 있는 양산(梁山) 영축산(靈鷲山) 남쪽 기슭에 자리한 불보사찰(佛寶寺刹) 통도사(通度寺)는 신라 선덕여왕(善德女王) 15년(646년)에 자장율사(慈藏律師)가 창건한 천년 고찰로 해인사(法寶寺刹), 송광사(僧寶寺刹)와 더불어 우리나라 삼대 사찰의 하나이다. 영축산은 석가모니가 법화경(法華經)을 설법하던 인도의 영축산과 산세가 비슷하다고 하여 지어진 이름이다. 자장율사는 당나라 구법(求法) 중에 모셔온 부처님의 진신 사리(眞身 舍利), 가사(袈裟)와 경책(警策)을 금강 계단에 쌓은 뒤 봉안하고 사명을 통도사라 했다. 통도사는 부처님의 진신 사리와 가사를 봉안하고 있기 때문에 대웅전에 불상을 따로 모시지 않는다. 통도사(通度寺)의 이름은 모든 진리를 회통(回通)하여 중생(衆生)을 제도한다는 뜻을 함축하고 있다.

노루목 마을

사실터 고개 산등성이
노루목 마을

성큼 고갯마루 넘던 노루
잠시 쉬어가던 옛터

뒷산엔 저녁 안개 자욱하고
하늘엔 뭉게구름 두둥실

동네 어귀 사래 긴 콩밭 위로
고추잠자리 어지러이 날고

짙푸른 그늘 드리운 느티나무
족히 백 년은 넘었음 직한데

그 아래 마실 나온 백발노인
날 보고 누구신가 물어 오네

사라지는 금수강산

푸른 숲, 푸른 동산
그 아름다운 자연 속에서
어깨동무하고 뛰어놀던
어린 시절은 아득한 꿈이런가

흰 구름, 파란 하늘
맑디맑은 시냇물 속에서
물장구치고 물고기 잡던
어린 시절은 옛날이야기던가

아름다운 금수강산
신이 내린 천혜의 자연
후손에게 고이 물려주지 못한
용서받지 못할 이 죄를 어이할쏘

사막화된 거친 한반도에서
맑은 공기, 맑은 물도
제대로 마시지 못하고
힘들고 어렵게 살아갈 후손들
안타깝고 애처로워 어찌할거나

우주 속 인간의 존재

태어나 바깥세상을 알기 전에는
고향 집 자그마한 울타리 안이
나의 온 세상이요 우주였다

나이 들어 울타리 밖으로 나갔을 때
이 세상은 너무나 크다는 걸 알았다

고향 마을 뒷산 너머에 도시들이 있고
바다 건너 여섯 대륙에는 셀 수도 없이
많은 나라가 있다는 사실도 알았다

아폴로 11호가 처음 달에 착륙했을 때
우리 지구가 속한 태양계 우주의
신비스러운 모습이 어렴풋이 그려졌다

파이오니어 10호가 태양계 밖으로 날아가
우리 우주 너머의 모습을 알려왔을 때
태양계 우주 밖에 안드로메다은하가
존재한다는 사실도 뚜렷이 알게 되었다

그러나 더욱 경이롭고 신비한 사실은

안드로메다은하도 태양계와 아주 가까운
또 하나의 소우주(小宇宙)에 불과할 뿐
전체 우주의 상상할 수조차 없는 모습은
도저히 불가지(不可知) 불가해(不可解)

태양계 밖에서 보이는 지구의 모습은
보일 듯 말듯 아주 자그마한 파란 점 하나
그 속에서 부대끼며 티격태격 살아가는
인간의 모습은 무엇으로 설명할 수 있을까?

인간 바이러스

나는 코로나 인간 바이러스다
모두가 무서워하는 좀비

질병 본부가 붙여준 통제 고유번호
4VR 20223 …… 생소한 이름

질병 본부의 행정 명령이 떨어졌다
자가 격리와 외출 금지다

행정명령을 어기면 처벌이요
문자메시지가 계속 날라온다

나는 자유 잃은 인간 바이러스
밀폐된 골방에 콱 갇혀 있다

유일한 출입통로는 스마트폰
하루 종일 폰을 열었다 닫았다

오죽하면 바이러스와 친할까
밀고 당기면서 친구가 되었다

제3부

꿈꾸는 사랑

아름다운 것들

가을 하늘이
푸르게 보이는 것은
당신의 기운이 푸르기 때문입니다

숲속 단풍이
아름답게 보이는 것은
당신의 마음이 아름답기 때문입니다

주변 사람들이
사랑스럽게 보이는 것은
당신의 심성이 착하기 때문입니다

당신이
푸른 기운과
아름다운 마음씨(心相)와
착한 심성을 지니고 있을 때
이 세상은 더없이 푸르고 아름답습니다

지나가는 바람이었네

환한 달빛 내려앉은
가을 뜰 안에

단풍나무 그림자
어른거리는데

어디선가 들려오는
청아한 소리

귀에 익은 반가움에
누구인가 했더니

홀연히 스쳐 가는
가을바람이었네

바람과 잎사귀

길가 회화나무 푸른 잎사귀
저 혼자 파르르 떨고 있다

바람이 불고 있는 것이다
비록 그 실체는 볼 수 없지만

바람은 그리움이다
보고 싶어도 볼 수가 없는

바람은 기다림이다
간절히 원할 땐 쉽사리 오지 않는

바람은 미세한 느낌이다
단지 흔들리는 잎사귀를 통해
그 존재를 감지할 수 있을 뿐이다

개울물 소리

졸졸~ 졸졸~
개울물 흐르는 소리

나도 몰래 슬며시
가던 발길 멈춘다

도란도란 소꿉친구들
웃음소리도 들리고

엄마가 불러주던
자장가 소리도 들린다

그 소리가 너무 좋아
떠날 줄을 모르고

지그시 눈을 감고
하염없이 엿듣고 있다

남산 길 개울물

둘레길 따라
홀로 걷는 남산 길

솔솔솔 따라오는
개울물 소리

어릴 적, 귀에 익은
청아(淸雅)한 소리

다시금 들어도
정겨운 그 소리

옛 시절로 돌아가
휘적휘적 걸어간다

돌아오지 않는 강물

당신이 계신 그곳, 낯 설은 동산에도
보름달이 두둥실 떠올랐을까요?

당신이 떠나간 이곳에는 보름달이
못내 쓸쓸하게 솟았습니다

그러나 난 차마 쳐다볼 수가 없네요
당신의 자상한 그 모습이 보름달 위에
오버랩 될까 두렵기만 합니다

애써 보름달을 외면하는 또 다른 이유는
저 달을 쳐다보며 소원을 빌어 보지만
당신은 영영 돌아올 수 없다는 걸
너무나 잘 알고 있기 때문이지요

당신이 떠나고 없는 올해 한가위는
더없이 쓸쓸하기만 합니다

부정할 수 없는 당신의 슬픈 부재는
내 마음의 강물에 짙은 안개비를 내립니다.

그리움

그리움은
파란 하늘에 아롱진 꽃구름

쉼 없이 생각났다 사라지고
사라졌다간 또 생각이 나네

그리움은
마음속 깊이 새겨진 응어리

아무리 지우려 해도
지워지지 않는 사랑의 흔적

그리움은
어두운 밤하늘을 밝히는 샛별

눈을 감아도 잊으려고 해도
자꾸만 보고 싶어지는 얼굴

귀향의 꿈

나 언젠가 돌아가리다
사시사철 솔숲이 울창하고
옹달샘 물이 마르지 않는
서라벌의 북촌 내 고향 '기계(杞溪)'

낙동정맥이 남으로 남으로 내려오다
운주산과 비학산을 병풍처럼 빚어놓은
그 사이로 펼쳐진 드넓은 들판 위로
시냇물 굽이굽이 흘러 형산강으로 간다

봉황과 학이 날아들던 손얼벌 옛터에
신라의 화랑들이 말을 달리고
삼태사가 가히 하늘의 뜻을 받들었으니
여기가 바로 충절의 땅이로다

고향을 떠나올 땐 꿈 많은 소년이었지
타향도 정이 들면 고향이라지만
지금은 어느새 반백이 되어
고향을 그리워하는 신세가 되었구나

두봉산 어래산 배미산 봉우리 위로

옛날같이 보름달이 훤하게 뜨면
내가 그들을 그리워하듯
어릴 적 친구들도 날 생각하려는가

그때 그 벅찬 꿈은 이루지 못했지만
그것이 당최 무슨 대수인가
산토끼 뛰어놀던 옛 동산으로 돌아가
허물없는 친구들과 도란도란 지내리라

아쉬운 것은 그리운 것이다

한없이 떨어지고 마는 꽃잎은
무엇을 향한 애절함인가

쉬지 않고 바람에 흔들리는 풀잎은
무엇을 위한 몸부림인가

정처 없이 흘러가는 구름은
무엇에 대한 아쉬움인가

하염없이 흘러가는 강물은
누구를 향한 그리움인가

봄날의 그리움

봄풀 짙어가는 강 언덕
홀로 선 소나무 아래 앉아
솔잎 스치는 바람 소릴 듣는다

잔잔하게 흐르는
봄 강물을 바라보면
어딘가 훌쩍 떠나야 할 것 같아
자꾸만 강줄기를 바라본다

잔설 녹아 흐르는 산 계곡
이끼 낀 바위 위에 앉아
졸졸 흐르는 물소리를 듣는다

하얀 구름 흘러가는
말간 봄 하늘 바라보면
어디선가 그리운 사람 만날 것 같아
공연히 하산 길을 재촉한다.

봄날의 상념

바람 부는
언덕 위로
봄이 오고 있다

흐르는
강물 아래로
봄이 오고 있다

다시 찾아올 봄보다
이미 가버린 봄이
훨씬 많아진 나이

피고 지는 꽃이
예사롭지 않게
보이는 황혼의 나이

남은 세월
무엇을 꽃피우며
살아야 할까

지나간 세월

무엇을 지워가며
살아야 할까

하얀 돌무덤

고향 동구 밖 시냇가 둔덕 위에
조그만 돌무덤이 있었습니다

해마다 찔레꽃이 피는 오월이면
하얀 돌무덤이 되었습니다

제대로 피지도 못하고 저버린
한스러운 아기 찔레가
돌무덤 속에 누워 있었습니다

찔레 엄마는 해마다 오월이 되면
돌무덤을 찾아와 울었습니다

새하얗게 핀 찔레꽃을 쓰다듬으며
가슴에 고이고이 묻었습니다

찔레 엄마가 집으로 돌아간 뒤에
우르르 몰려온 동네 아이들이
하얀 찔레꽃을 따서 삼켰습니다

새하얀 찔레 꽃잎의 진한 향기는

죽은 아기의 슬픈 영혼이 되어
돌무덤 주변을 맴돌고 있었습니다

오월의 행복

오월의 강가에 나가 보라
더도 덜도 말고
오월처럼만 싱그럽게
살았으면 좋겠다

온갖 잎사귀 나날이
더욱 푸르러지고
강바람은 소리 없이
여린 풀잎을 흔드는데,

강 언덕에 피어난 꽃들은
제각기 아름다움을 뽐내고
이름 모를 새들은 악보도 없는
멋진 코러스로 노래하네

일벌은 사뿐히 꽃잎에 앉아서
열심히 꿀을 빨아들이고
배추흰나비는 하릴없이
이리저리 분주히 날아다니는데,

그리 덥지도 춥지도 않으니

의복 걱정할 일 없고
살랑대며 부는 바람이 있으니
에어컨이 무슨 소용일까

사람 한평생 살아가면서
이보다 더 큰 행복이 있을까
몸뚱어리 편하고 마음 편하면
그게 바로 행복인 것을……

가을

붉으막하게
타오르는
염원의 불길을 태우며
태양은
머-얼리 떨어져 나갔다.

그나마
달려온 가을바람에
가득 부푼 염원을 실은 채
북극성도 없는
저녁 들녘을 스치며
텅 빈 가슴의 염원을 안고서,

멀어져 가는
보랏빛 순정의 막바지에서
허물어져 가는 모래성(城)처럼
그를 보내고
지울 수 없는
사연, 사연마다

나를 태운다.

• 1972년 고등학교 재학시절 경북사대부고 교지(校誌)인 군성(群星) 제19호에 발표했던 글이다.

사랑의 상대성

사랑은
이상한 줄다리기

세게 잡아당기면 멀어지고
놓아주면 오히려 다가오네

사랑은
욕심과 에고이즘의 산물

상대방이 한눈을 팔면
질투의 불꽃이 타오르고

자신이 한눈을 파는 건
눈곱만큼도 개의치 않지

사랑은
닳아빠진 몽당빗자루

있을 땐 그 소중함을 몰라도
잃고 나면 너무나 아쉬운 정(情)

사랑

가슴에 안겨서
살포시 기대어오는 사랑

포근한 온기가
온몸으로 스며드는 사랑

어느새 꿀잠이 든 것일까
새근새근 숨소리만 들린다

눈송이처럼 순수한 사랑
초콜릿같이 달콤한 사랑

아가의 잠

손녀 태어난 지 60일

먹고 나서 잠자고

깨어나서 혼자 놀다가

배고프면 악을 쓰며 운다

그리곤 먹자마자 또 잔다

웬 잠이 그리도 많은지

시도 때도 없이 잔다

혹시 꿈속에서 아직도 전생과

교감하고 있는 것은 아닐까

참새의 꽃 희롱

봄 햇살이 솜사탕처럼 부풀어 내려앉는 아침
돌 지난 아가를 데리고 나와 벤치에 앉았다

봄날의 이 세상이 얼마나 아름다운 곳인지
사랑하는 아기에게 보여주고 싶었다

어디선가 귀여운 참새 한 마리가 날아와서
활짝 핀 매화 나뭇가지에 사뿐히 앉았다

여린 입술로 하얀 꽃잎을 콕콕 비벼대다가
앙증스러운 모습으로 고개를 도리질한다

꽃 희롱에 정신없이 놀고 있던 참새
홀연 길푸른 창공 속으로 포로롱 날아간다

참새가 놀던 그 나뭇가지 사이로
하얀 꽃잎이 우수수 내려앉는다

한참을 보고 있던 아가도 배시시 웃는다
이 세상 봄날은 참으로 축복받은 계절이다.

방아 찧던 옥토끼 어디로 갔을까

한낮의 열기가 식어가는 초저녁
태어난 지 열일곱 달 된 손녀와
아파트 벤치에 앉아 더위를 식힌다

땅에는 개미가 바쁘게 기어 다니고
하늘에는 열이틀 된 상현달이
구름 속에서 어여쁜 얼굴을 내민다

열심히 개미를 바라보는 손녀에게
손가락으로 달을 가리키며 말한다

"아린아! 저기 하늘에 떠있는 달을 봐!"

아직은 말이 서투른 손녀가
어렵게 찾은 달을 쳐다보며 손짓을 한다

세상에 태어나 처음으로 마주하는 달
무척 신기한지 쉽사리 눈을 떼지 못한다

나 어릴 적 할머니께서 들려주셨던
계수나무 아래 옥토끼가 방아를 찧는다던

그 이야기를 손녀에게도 들려주고 싶다

하지만 달이 지구 밖 무(無) 생명 천체라는 것을
과학적으로 알게 되는 나이가 되었을 때
손녀는 저 달을 보며 어떤 생각을 할까?

아가의 첫걸음마

첫돌을 한 달 앞두고
찾아온 첫걸음마

넘어질 듯 넘어질 듯
아장아장 걸어온다

두 팔을 휘저으면서
어정어정 걸어온다

아가도 신기한 듯
방실방실 걸어온다

창밖에 비가 와요

"비야!"

"비야!"

"비야!"

아기가 종알거립니다

"어디에 비가 오니?"

엄마가 추임새를 넣습니다

"저기요"

앙증스러운 손가락으로

가을비 내리는

창밖을 유심히 가리킵니다

손자의 생뚱맞은 생일선물

손자가 할아버지 생일선물이라고
서투르게 싼 포장지를 내민다

"생일선물이라니 이게 뭘까?"

궁금해서 물었다

손자가 대답은 하지 않고
귓속말로 속삭인다

"할아버지 혼자 있을 때 열어봐요"

모두 돌아간 뒤에
조심스레 포장지를 뜯었다

"어라! 이게 뭐지?"

자세히 보니 장난감 만화경(萬華鏡)이다

손자에게 전화를 걸어 물었다

"선물 고맙다. 그런데 웬 만화경이지?"

"눈 침침할 때 시력 검사하세요"

"갑자기 시력검사는 왜?"

"할아버지 백내장 수술했잖아요"

허허! 지난번 백내장 수술했을 때
손자가 은근히 걱정했었나 보다

손자 덕분에 만화경을 가지고 논다
어릴 적 신기했던 만화경 생각이 난다

어린이날

오월은 푸르구나
우리들은 자란다

인구절벽의 시대

어린이는 보배요
미래요 축복이다

환하게 미소 짓는
천사 같은 저 모습을 보라

어찌 사랑스럽지 아니한가
어찌 소중하지 아니한가

후회한들 무엇 하리

우리 어무이
날 낳으시느라
얼마나 힘드셨을까

우리 아부지
날 키우시느라
얼마나 애쓰셨을까

자식들 키워 출가시키고 나니
이제야 그 고마움이 사무치네

자식이 자식 노릇을 못했을 때
얼마나 서운해 하셨을까

하늘에 계신 어무이 아부지
이제는 날 용서하셨을까

천상에서 다시 만나는 날
두 무릎 고이 꿇고 빌어야지

아버지를 생각한다

오늘 아버지 기일을 맞아
나의 아버지를 다시 생각한다

감정 표현이 서툴렀던 남자
과묵하게 말을 아꼈던 가장

아버지로서 가장으로서 살아온
나의 지난 세월을 뒤돌아보니
지금은 아버지 입장이 이해가 된다

희로애락의 감정을
그때마다 숨김없이 모두 드러낸다면
어찌 한 가정을 지킬 수 있을까

생로병사의 아픔을
그때마다 모두 말로 표현한다면
어찌 가족들이 믿고 따를 수 있을까

우리 집 울타리, 울 아버지

늘 든든한 울타리로
내 곁에 서 계시던 울 아부지

어느 날 그 울타리 힘없이 무너지고
내가 그 울타리가 되었을 때

비가 오나 눈이 오나 한결같이
거센 맞바람 홀로 맞으면서도

무너지지 않고 서 있다는 것이
얼마나 힘들고 어려운지 알았네

늘 든든한 울타리로
내 곁에 서 계시던 울 아부지

아버지의 자식 사랑(父性愛)

세찬 강바람이 터질듯이 밀려온다
그러나 바람은 절대로
자신의 실체를 드러내지 않는다

하염없이 일렁이는 푸른 강물
심하게 흔들리는 가녀린 나뭇가지
그 가시적인 움직임을 보고 나서야
바람의 생생한 존재를 알 수 있다

두 뺨을 스치는 시원한 감촉
귀청을 울리는 소리를 듣고서야
바람의 실존을 감지할 수 있다

슬프게도 바람이 잔잔할 때는
아버지의 그 뜨거운 사랑을
끝내 알아채지 못하였다

내 삶에 거센 폭풍이 몰아쳤을 때
그제야 아버지의 지고한 사랑을
서럽고 애가 타도록 그리워했다

언제부턴가 아버지의 바람은 불지 않는다
그 은밀하고 따뜻하던 사랑의 감촉도
듬직한 실체도 더 이상 존재하지 않는다
모든 것이 공으로 남았을 뿐이다

엄마 생각

고향 집 엄마는
집 떠난 아들의
시커멓게 손때 묻은
포플린 저고리를
말없이 바라보다,

찬 서리 내린
집 앞 개울가로 나가
아들에 대한 그리움을
빨랫방망이로 달랜다

물기 젖은 저고리를
장대 끝에 매달린
빨랫줄에 널어놓고
하늘 한번 쳐다보고
저고리 한번 쳐다보다,

뽀송뽀송 말린 저고리를
보드랍게 다듬이질하고
숯불 다리미로 곱게 다려
벽장 위에 걸어 놓고

아들 돌아오기만 기다린다

그때 그 엄마보다
더 늙어버린 아들은
아직도 돌아오지 않고
고향 집 앞 개울물만
소리 없이 흐르고 있는데
빨래하던 엄마는 가고 없구나

아직도 호롱불을 기억하십니까

어머니
들판에 청보리가 누렇게 익어갈 때면
설익은 보리 이삭을 베어다 보리 떡을 빚어
해 저문 저녁 흐릿한 호롱불 아래서
온 식구들이 오순도순 모여앉아
한 끼 식사를 나누던 그때를 기억하십니까

어머니
전깃불은 상상도 못 했던 그 시절
희미한 호롱불 아래서 책을 읽다가
쏟아지는 졸음을 이기지 못하고 깜빡 잠들어
제대로 자라지도 못한 성긴 눈썹을 태워버린
사랑했던 당신 자식들의 모습을 기억하십니까

어머니
들판에서 고된 일을 마치고 돌아와
한참이나 늦은 저녁상을 물리고 난 후
밤하늘에 은하수가 하염없이 쏟아져 내릴 때
문틈으로 흘러나오는 호롱불 빛에 어른거리던
밤새워 다듬이질하시던 당신의 고단한 그림자를
이 자식은 아직도 잊지 못합니다

어머니
당신이 돌아오지 못하는 곳으로 떠나신 후
이제 세상 사람들은 호롱불을 기억하지 않습니다
어디인시는 알지 못하지만 멀고 먼 그곳에서는
어떤 불빛을 친구 삼아 긴 긴 밤을 지새우시는지요
혹여 이 세상에 남아 있는 자식들이 그리워
아직도 희미한 그 호롱불을 켜고 있지는 않으신지요

노쇠는 출생의 그림자

올해 아흔아홉
우리 장모님

식사하실 때를 빼곤
하루 종일 주무신다

엄마 엄마 찾으시며
늘 잠꼬대를 하신다

태어나서 아홉 달 된
우리 손녀와 똑같다

늙어 감은 태어남으로
다시 돌아가는 것

인간의 노쇠는
출생의 그림자

부부

부부란
전혀 다른 색깔과 성질을 숨긴
두 사람이 전생의 인연으로
만나서 한 이불을 덮고 사는 짝꿍

부부 일심동체는
도덕적 슬로건일 뿐
엄연한 이심이체
끝없이 이어지는 평행선 같이
인생길 함께 걸어가는 동반자

남편이 검붉게 타오르다
사그라지는 불꽃이라면
아내는 그 불꽃을 잠재우는
푸르디 푸른 심연

너무 가까워지면 다투고
너무 멀어지면 깨어져 버리는
적당히 거리를 유지하면서
끊임없이 상대방을 이해하고
서로 배려해야 하는 정다운 친구

미운 정 고운 정

다투지 않고 알콩달콩 살아가는
부부가 몇이나 될까

싸우지 않고 오순도순 살아가는
부부가 몇이나 될까

아웅다웅 티격태격 살다 보면
미운 정이 고운 정이 되는 거지

나이 들어 다툴 힘마저 빠지면
애틋한 맘에 친구처럼 사는 거지.

부부의 인연

눈앞이 보이지 않을 정도로
함박눈이 펑펑 쏟아진다

허옇게 내리는 눈을 잔뜩 뒤집어쓴
눈사람 둘이 정겹게 걸어온다

백발〈白髮〉의 팔순 노부부가
조심조심 게걸음으로 다가온다

행여나 눈길에 미끄러질세라
둘이서 손을 꼭 잡고 눈을 밟는다

눈바람 추위에 몸을 떨면서도
백년해로의
하얀 눈길을 걸어가고 있는
두 노인의 얼굴은
눈빛(雪光)보다도 더 밝고 환하다

참으로 길고도 질긴 것이
부부의 인연이라 하였던가.

동창생

우리가
먼저 간 친구들보다
오래 살아

해마다 옛 친구들 만나
즐거운 시간을
보낼 수 있는 것은

하늘이
우리에게 내린
무한한 축복일세

이 축복을
우리 함께
오래도록 누리어

이승에서
마지막 소풍 끝나는
그날까지

단아하고

노숙(老熟)하게
익어들 가시게나

꿈길에서

꿈길에서
당신을
보았습니다

어찌나
옛 모습
그대로인지

그 시절이
그리워
눈물 납니다

꿈길에서
당신을
만났습니다

어쩌면
그리도
다정하신지

옛사랑이
그리워
눈물집니다.

뿌리치고 떠나가는 당신

이제 당신이 가려는 그 길로
미련 없이 떠나보내렵니다
애정이 완전히 식어버린 건 아니지만
애써 매달리지는 않겠습니다

당신이 굳이 가려는 그 길이
순탄하지 아니한 줄은 알지만
더 이상 말려야 소용없다는 것을
이제야 확실히 깨달았습니다

행여 눈보라 휘몰아치는 차가운 겨울밤
마당에 잔솔 방울 구르는 소리 들리면
가던 길 되돌아온 당신인 줄 알면서도
그냥 스쳐 가는 바람이려니 하겠습니다

보랏빛 그리움

당신이 떠나간 그 창가에
보랏빛 자목련이 피었습니다

한번 떠난 당신은 돌아오지 않는데
올해도 어김없이 피어났네요

당신이 떠나간 그 들녘에
연보라 제비꽃이 피었습니다

강남 갔던 제비는 다시 돌아오는데
당신은 꿈속에조차 보이질 않네요

보랏빛 라일락꽃 피어날 때면
혹시나 돌아오실까 기다립니다

당신이 좋아했던 그 향기 맡으면서
행여나 당신일까, 허공을 헤매고 돕니다

겨울 삭풍의 일생

북극 빙하 계곡 수천 길 낭떠러지
그 밑바닥 수정 같은 얼음 알을
깨고 나온 한겨울 차디찬 삭풍은
북해의 만년설을 뚫고 나와
남쪽으로의 긴 여정을 시작한다

살을 에는 혹한의 동토
시베리아의 광활한 벌판을 지나고
금빛 모래 언덕이 한없이 넘실대는
커얼친 사막의 구릉을 지나면서
삭풍은 회오리바람으로 변한다

이제 삭풍은 겨우내 꽁꽁 얼어붙은
아무르강(黑龍江)을 가로지르고
송화강 거센 물길을 거슬러
황량하게 펼쳐진 만주벌판을 지나
압록강 두만강을 건너 한반도로 불어온다

드디어 한반도에 진입한 삭풍은
백두대간을 따라 내려오다가
마침 내려오는 눈을 만나면 눈보라가 되어

한강 유역 넓은 벌판을 휘몰아친다

그러나 삭풍은 오래 머물지 못하고
남쪽으로의 남은 여정을 계속한다
동으로는 낙동강, 서로는 섬진강
기나긴 물줄기 따라 질주하다가
남해바다를 건너 제주도를 지나면
널 푸른 남지나해로 들어간다

남지나해에서 아열대 뜨거운 열풍을 만나
한기를 잃어버린 삭풍은
더 이상 그 기세를 버티지 못하고
적도 부근 남태평양에서
그의 머나먼 여정을 마무리한다

갈잎 사랑

추적추적 내리는
가을 부슬비보다

소리 없이 지는
한 떨기 갈잎이

바라보는 사람을
더 아리게 하듯이

울며불며 요란하게
떠나가는 사람보다

소리 없이 떠나가는
사랑이 더 야속하더라

제4부

사색의 강

시(詩)의 존재

시는 나의 집(宅)이다

떠도는 내 사유를
지켜주고 보듬어주는 집

시는 나의 옷(衣)이다

헐벗은 내 생각을
안아주고 감싸주는 옷

시는 나의 밥(食)이다

쇠락한 나의 정신을
치유하고 살찌워주는 밥

시는 나 자신(正體性)이다
날마다 좋은 시를 찾아서 읽고
생각날 때마다 시를 쓰는 이유다

강변 산책

시간이 한가할 때면
한강 변으로
산책하러 나간다

흐르는 강물
말없이 따라가며
세월의 흐름을 느낀다

반포대교 반환점
되돌아오면서
원점으로 회귀하는
자신의 삶을 반추한다

흘러가는 강물
흐르는 세월
도무지 끝을 알 수 없는
그 속에서 나도 흐른다

강물이 흘러가듯이

흐르지 않는 것은 강물이 아니요,
시들지 않는 것은 꽃이 아니다

세상 만물은 끊임없이 변하는 것

변화는 자연의 이치요,
우주의 섭리이다

시간이 흘러서 변하는 것이 아니라
변화하는 과정 그 자체가 시간이다

세상 모든 일은 반드시 때가 있다

변하는 것을 두려워하지 말고
변화에 적응하지 못하는 것을 걱정하자

폭풍이 불어오면 서둘러 고개를 숙이고
폭우가 쏟아지면 그칠 때를 기다려야지

강물은 스스로 멈추지 않는다

잠시도 쉬지 않고 묵묵히 흐르는 강물
강물은 절대로 스스로 멈추지 않는다

흐르지 않는 것은 강물이 아니다
계절 따라 흐름의 속도만 바뀔 뿐

봄의 강물은 속삭이듯이 아주 여리게
여름 강물은 빠르고 경쾌하게 흐른다

가을 강물은 폭풍이 몰아치듯 급하게
겨울 강물은 느리고 침착하게 흐른다

강은 늘 그 자리에 그 모습으로 존재하나,
흐르는 강물은 항상 똑같은 물이 아니다

어쩌면 우리네 인생도 이와 같지 아니한가?

산천은 늘 그 모습 그대로 존재하지만
세상의 역사는 쉬지 않고 흘러서 간다

어쩌면 인간이란 존재도

기나긴 역사의 강물에 둥둥 떠밀려 내려가는
한갓 부유물과 무엇이 다른가

오늘도 강물은 도도히 흐른다

오늘도 강물은 도도히 흐른다

과거에도 그러하였고
지금도 그러하고
미래에도 또한 그러할 것이다

흐르는 강물을 누가 막을 수 있는가

섣불리 물줄기를 막으려 하거나
거꾸로 되돌리려고 하지 마라

물(水), 불(火), 흙(土〉) 바람(風)은
신이 인간에게 준 고귀한 선물

함부로 신의 의지를 시험하려 하지 마라

인간이 신의 의지를 거역하면
돌아오는 것은 천재지변의 재앙

물길이 막히면 물꼬를 트고
강물이 넘치면 둑을 쌓아라

흐르는 강물을 누가 막을 것인가

선불리 물줄기를 막으려 하거나
거꾸로 되돌리려고 하지 마라

기다리고 있는 것은 신의 무서운 징벌뿐이다

강물은 앞 물을 밀어내며 흐른다

마지막 부음마저도
카톡 메시지로 들려오는 세상
속절없이 약속하기만 하여라

어제까지도 봄꽃이 핀다고
메시지를 주고받았던 친구
작별인사도 없이 새벽에 떠났네

질기고도 강한 것 같지만
한없이 약한 것이
인간의 생명〈生命〉 줄

꽃이 핀다고 좋아할 일도
꽃이 진다고 슬퍼할 일도
산 자의 호사일 뿐

허망하구나!
어차피 떠날 인생
미련 가질 일이 무엇인가?

모든 것 내려놓고

허허롭게 살다가
떠나면 그만인 것을

長江後浪推前浪(장강후랑추전랑)
장강은 뒷물이 앞 물을 밀어내며 흐르고

一代新人換舊人(일대신인환구인)
한 시대의 새사람은 옛사람을 대신하네

강가에 나가 보라

찬바람이 휘몰아치는 날
강가에 나가 보라

강물은 산산이 부서져
아무것도 비추지 않는다
성남(怒), 놀람(驚), 슬픔〈悲),
그리고 근심(憂)과 두려움(恐)

내 마음에 휘몰아치는 바람은
끊임없이 파문을 일으킨다

바람이 소리 없이 잔잔한 날
강가에 나가 보라

강물은 거울같이 투명하여
삼라만상을 그대로 비춘다

희로애락(喜怒哀樂)
고집멸도(苦集滅道)

모든 집착에서 벗어난 마음은

물결이 자는 강물처럼 맑아라

감정의 바람

바람을 눈으로 볼 수 없다고 하여
바람이 불지 않는 것은 아니다

고요한 날 잎사귀의 미세한 떨림에도
우리는 바람의 기운을 느낄 수 있다

대기의 불연속성에서 생기는
바람은 지구 생명체 존재의 근원이다

마음(心)을 눈으로 볼 수 없다고 하여
마음이 움직이지 않는 것은 아니다

일상적인 사소한 근심과 걱정에도
우리는 감정의 변화를 느낄 수 있다

마음의 불연속성에서 생겨나는
감정은 인간 영적 존재의 근원이다

마치 구름처럼 순식간에 나타났다가
이내 사라지는 희로애락의 감정

순간적으로 일어나는 감정의 변동에
일희일비할 필요는 없다

• 일희일비(一喜一悲) : 한편으론 기뻐하고 또 한편으로는 슬퍼한다는 뜻이다.

우주의 세계

우주는
시작도 끝도 없는
광대무변
허공의 세계

그 허공에
셀 수 없이 많은
우주의 별들이
띄엄띄엄 떠 있다

우주는
온통 칠흑같이
어둡고 컴컴한
암흑의 세계

그 암흑 속에
붙박이 항성들이
스스로 빛을 발해
행성들을 비춘다

인간이란 존재도

지구라는 별 주위의 허공을
둥둥 떠돌아다니는
하나의 행성일지도 모른다

시간과 공간은
아예 존재하지도 않는
인위적으로 만들어낸
하나의 허상에 불과할 뿐

우주의 수많은 별이
생겨났다가는 소멸하듯이
인간도 어느 순간 사라지고
육체에서 분리된 영혼만 남아
우주의 허공으로 흩어지리라.

생명의 강 – 한강

한강은
남한강 북한강, 두 물줄기
하나로 이어져
수도 서울의 온갖 생명을 살리는
젖줄이 되어 흐른다

한강은
북한산, 관악산 두 계곡물
이곳으로 흘러와
도심의 혼탁한 공기를 빨아들이는
서울의 숨통이 되어 흐른다

한강은
강의 남과 북에 사는 사람
모두 이곳으로 몰려와
도시 생활에 찌든 영혼을 달래는
쉼터가 되어 흐른다

외계인의 우주여행

간밤에 꿈길을 헤매다가 외계인을 만났다지구인이 물었다
“어느 별에서 왔지?”
외계인이 말했다
“안드로메다은하”
“무얼 타고 왔지?”
“비행접시”
“얼마나 걸렸지?”
“빛의 속도로 달려왔어”
“왜 지구를 찾아왔지?”
“우주여행 중에 우연히 들렀어”
“지구가 마음에 들어?”
“아니! 지구는 너무나 작고 좁아”
“이제 어디로 가는 거니?”
“우주는 넓어서 가도 가도 끝이 없어”
미처 말릴 새도 없이 외계인은 훌쩍 떠났다.

생로병사(生老病死)

우주는 공간이다
허(虛)하고, 공(空)하다

광대무변(廣大無邊) 우주엔
정지해있는(恒) 사물과
움직이는(行) 사물이 있다

우주만물(宇宙萬物)은
소(消)하고 멸(滅)한다

정지해있는(恒) 것은
천천히 소멸하고,

움직이는(行) 것은
빠르게 소멸할 뿐이다

소멸하는 것이 있으면
새로 생겨나는 것도 있다

생로병사(生老病死)는
그 누구도 막을 수 없는

창조주(創造主)의 의지이다

공허(空虛)와 영혼불멸

空(공)한 것은 虛(허)한 것이요
虛(허)한 것은 空(공)한 것이다

세상만사는 모두 空虛(공허)한 것
공허하지 않은 건 단지 마음(心)뿐

착하고(善) 바른(正) 마음이 쌓이면
그 사람의 정신(精神)이 되고

사람이 죽어 육체가 소멸(消滅)하면
그 정신은 영혼(靈魂)이 될 것이야

그리고 그 영혼은 영원히 소멸하지 않고
자손만대에까지 내내 이어지는 것일 거야

악하고(惡) 나쁜(邪) 마음이 쌓이면
그 사람의 마귀(魔鬼)가 되고

사람이 죽어 육체가 소멸(消滅)하면
그 마귀는 귀신(鬼神)이 될 것이야

그리고 그 귀신은 저승으로 떠나지 못하고
원혼(冤魂)이 되어 내내 이승을 떠돌 거야

• 空(공)은 불교 철학의 용어로 아무것도 존재하지 않음, 즉 온갖 경험적인 사물이나 사건이 공허하여 덧없음을 뜻한다.

• 虛(허)는 도교(道敎)의 용어로 개인의 의식이 도(道)에 합치됨으로써 자아를 초월한 마음의 평정을 얻은 상태를 말한다.

인생의 미로

인생길은 기나긴 미로인가
셀 수도 없이 많은 갈래 길이
거미줄처럼 촘촘하게 이어진

지나온 세월 뒤돌아보니
종착지가 어딘 줄도 모르고
이리저리 허둥대면서
길을 헤맨 적도 많았었네

때로는 막다른 길에 부딪혀
어쩔 수 없이 갔던 길을
되돌아온 적도 있었고
때로는 갈림길에 홀로 서서
어느 길로 가야 할지 몰라
방황할 때도 많았었지

아직도 출구는 보이지 않고
찾아가야 할 그곳이 어디쯤인지
언제쯤 도착할지도 알 순 없지만

신이 인간에게 부여한 삶의 미로는

'빨리 찾기 숙제'가 아니라는 걸
깨닫기까지는 많은 시간이 흘렀네

어쩌면 인생의 미로는
어느 한 길만 고집하지 않고
스스로 선택한 그 길을 가면서
아름다운 산천경개 구경도 하고
가다가 지치면 시원한 물가에 앉아
편히 쉬어갈 수도 있게 배려한
신이 주신 특별한 선물일 거야

사람이 산다는 건

사람이 한평생 산다는 건
천근만근 무거운 짐을 지고
가파른 산길을 오르내리는 것

오르막을 오를 때도 힘들지만
내리막을 내려올 때도 힘드네
내려올 줄 뻔히 알면서도
힘들게 산을 오르는 것이 인생

사람이 한평생 산다는 건
칠흑같이 캄캄한 깊은 밤중
외나무다리를 혼자 건너는 것

강물을 건너갈 때도 위태롭지만
강물을 건너올 때도 위태롭구나
건너와야 할 줄 뻔히 알면서도
강물을 건너야 하는 것이 인생

사람이 한평생 산다는 건
칼날처럼 살을 에는 겨울
살얼음판 위를 걸어가는 것

얼음장이 깨어질까 조마조마하고
얼음이 녹아버릴까 봐 두려웁구나
돌아와야 할 줄 뻔히 알면서도
살얼음판을 걸어가는 것이 인생이네

내가 살아가는 이유

시간이나 세월은 존재하지 않는다
인간 스스로 그렇게 믿을 뿐
인간 외에 시간을 의식하는 사물은 없다

태양은 다른 항성의 주위를 돌지도 않고
자기를 축으로 돌지도 않으며
언제나 그 자리에 존재할 뿐이다

지구는 태양의 주위를 돌고……(公轉)
자기를 축으로 돌아도……(自轉)
언제나 제자리로 회귀한다

달도 지구의 주위를 돌고……(公轉)
자기를 축으로 돌아도……(自轉)
언제나 제자리로 회귀한다

강물은 바다로 흘러가지만
바다에 모인 물은 수증기가 되어
승화하였다가 비가 되어
다시 뭍으로 돌아온다

인간도 생겨났다가 소멸할 뿐
영원히 사라지는 것은 아니다
죽으면 영혼이 되어 우주로 갔다가
다시 새로운 생명으로 회귀한다

세월의 흐름에 안타까워할 이유도
점차 늙어감을 슬퍼할 필요도 없다
지금, 이 순간 존재하고 있다는 사실
그것만이 내가 살아가는 진정한 이유다.

석남사 가는 길

석남사 가는 길
아름드리 소나무 숲
수행의 몸짓인가

하늘 향해 뻗은 가지
고고한 삶의 자세
고승을 닮았구나.

수백 년을 살았어도
변함없는 푸른 자태

이른 새벽 염불 소리
깨어나는 청정심

송교지수
너의 삶이 부럽기만 하여라.

굽이굽이 산길마다
피어나는 솔향기

대나무는 푸르러도

향기는 없잖은가

송죽지절(松竹之節)
그 이름이 가당치도 않구나

• 석남사(石南寺) : 울주군 영남알프스 가지산 자락에 위치한 천년고찰이다.
• 송교지수(松喬之壽) : 오래 삶을 비유적으로 이르는 말이다. 고대 중국의 전설상의 인물인 적송자(赤松子)와 주나라의 왕지교(王之喬) 두 사람이 모두 신선으로 장수하였다는 고사에서 유래한다.
• 송죽지절(松竹之節) : 소나무같이 꿋꿋하고 대나무같이 곧은 절개를 가리킨다.

인생행로

무흔(无痕)

지나온 길 돌아보면
아무 흔적도 없고

무중(霧中)

앞으로 가야 할 길은
짙은 안개 속이네

숙명(宿命)

갈 수도 안 갈 수도 없는
신이 내린 인생길

인내(忍耐)

폭풍우 눈보라 몰아쳐도
참고 헤쳐나가야 하리

산속에 집을 짓고

늘 푸른 깊은 산속에
자그마한 집을 지으리라

울타리에 나무를 심어
뭇 산새들을 불러 모으고

마당에는 화초를 심어
벌과 나비를 부르리라

파란 나무 대문을 열어
온 산을 불러들이고

작은 유리 창문을 열어
파란 하늘을 바라보면

난 즐거움과 행복에 젖어
세월 가는 줄도 모르리라.

새벽의 늙은 소나무

새벽이슬 머금고 있는
고요한 솔숲을 거닐면서
하늘 높이 치솟은 소나무를 본다

쓰임새가 좋아 보이는
저 늙은 소나무의
늠름한 모습을 보라

이제 고귀한 생명 줄을
흔쾌히 내려놓고
멋진 동량이 될 것이야

거북등처럼 굳게 갈라 터진
늙은 소나무의 껍질을 보듬으며
지나간 숱한 날들을 어루만진다

새들이 떠나간 둥지

새들이 홀연히 떠나간 둥지는
더 이상 둥지가 아니다
날이 새면 지저귀던 새도
높이 날아오르는 새도 없다
서산마루에 해가 저물어도
새는 다시 찾아들지 않는다

혼백이 떠나간 사람의
잠든 얼굴을 본 적이 있는가
태풍이 지나간 뒤의 바다처럼
고요하고 공허롭다
괴로움도 고통도 아픔도 슬픔도
어디론가 사라지고 없다

죽은 이의 생각과 감정을 희롱하던
영혼은 어디로 떠나간 것일까
쇠락한 둥지를 떠나간 새들이
새로운 둥지를 찾아가듯이
새로 깃들 새 생명을 찾아간 것일까

맹인 아버지와 아들의 바다여행

_'세상에 이런 일이' 텔레비전 프로그램을 보고

"사랑하는 아들아! 죽기 전에 꼭 한번
넓은 바다에 가보고 싶구나"

홀로 자식을 키운 맹인 아버지가
장성한 아들에게 소원을 말했다

아들이 아버지를 모시고 찾아간 바다
그곳엔 파도가 끊임없이 몰려온다

감격에 겨운 아버지가 말한다
"바다는 소금 냄새가 나는구나"

그리고는 아들에게 물어본다
"바다는 무슨 색깔이지?"

아들이 아버지의 손을 꼬옥 잡고
어린아이에게 속삭이듯 말한다

"바람이 잠잠한 바다는 파란색인데,
파도가 밀려오면 하얀색으로 변해요"

아들은 두 눈으로 먼바다를 바라보고
아버지는 두 귀로 파도 소리를 듣는다

아버지는 처음 찾은 바다가 즐거워서 웃고
아들은 그런 아버지가 애틋해서 울고 있다.

사람이 산다는 것

이 세상 그럭저럭 살아보니
사람이 산다는 것
그게 그렇게 간단치가 않더라

수시로 찾아오는 생로병사의 아픔
거짓과 음모와 배신에 대한 분노
실패와 좌절에서 오는 고통과 괴로움

한고비 넘으면 또 다른 고비 나타나고
한숨 돌렸다 싶으면 이내 생겨나는 근심 걱정
한 치 앞을 내다볼 수 없는 것이 인생이런가

기쁨과 즐거움은 한 찰나요
슬픔과 괴로움은 오래 가는 것
인생만사 다 그렇고 그런 것을

그러나 어쩌랴!
그것이 인생인 것을
그것이 우리네 숙명인 것을

희로애락은 어차피 사라지는 것

그렇게 기뻐할 일도 없고
그렇게 슬퍼할 일도 없는 거야

굽이굽이 돌아가는 계곡물처럼
바람에 흔들리는 풀잎처럼
끊이지 않고 이어가는 것이 인생이지

내 마음의 우주

세상사 모든 잘잘못은
나에게서 비롯되는 것

잘 되고 못 되고
행복하고 불행한 건
모두 내 탓일 뿐

악함과 거짓됨
헛된 욕심과 분노는
끝없이 이는 내 마음의 파도

세상을 원망하면 무엇하고
남을 탓하면 무슨 소용인가

내 마음이 곧 우주인데
어디에서 우주를 찾을까

사람이 한평생 산다는 것은
차디찬 북풍이 몰아치는 겨울
어설프고 좁은 섶다리를
건너가는 것과 무엇이 다른가

걱정과 슬픔

걱정은 지우려 하면 할수록
풍선처럼 부풀어 오르고

슬픔은 잊으려 하면 할수록
엿가락처럼 길게 늘어진다

걱정한다고 해결될 것도 아니고
슬퍼한다고 되돌릴 수도 없다

걱정을 지우려면 강가로 가자
말없이 나 자신을 바라보면서
흐르는 강물에 던져 버리자

슬픔을 잊으려면 바닷가로 가자
꺼이꺼이 소리 내어 울면서
들려오는 파도 소리에 묻어 버리자

행복의 근원

인간의 진정한 행복은
어디에서 오는 것일까

솜이불처럼 따스한 행복은
순간적인 기쁨과 즐거움이 아닌
편안함에서 오는 것일지도 몰라

그렇다면 그 편안함은
대체 어디에서 오는 것일까

엄마 품속 같은 편안함은
자기만족에서 온다고 생각해

자기만족은
눈높이를 낮출 때 오는 것이지

눈높이를 낮추면
절로 욕심이 줄어들고,

쓸데없는 욕심이 사라지면
심신이 평안하여

나도 몰래 행복해질 거야

잎사귀를 다 떨쳐버린
산천의 나목처럼
참으로 평온한 이 가을의 행복감

풍족과 부족

비록 가진 것이 적더라도
마음먹기에 따라서는
풍족함을 느낄 수도 있고

설사 가진 것이 많더라도
생각하기에 따라서는
부족함을 느낄 수도 있다

기대치가 열(10)이면
아홉(9)은 풍족함이요

기대치가 스물(20)이면
아홉(9)은 턱없이 부족하다

풍족함과 부족함은
실제 값의 차이가 아니라
기대치에 대한 마음가짐이다

행복의 법칙

행복은 누구에게나 찾아온다
사람을 가리는 법이 없다

하지만 거저 굴러들어온 행복은
결코 오래가지 않는 법

행복을 오래도록 누리려면
스스로 행복을 만들어야 한다

준비된 자, 노력한 자만이
참된 행복을 누릴 수 있는 사람

행복은 기다린다고 오지 않는다
항상 스스로 찾아 나서야 한다

행복한 삶의 조건

옛 어르신들은 기회 있을 때마다
누누이 신신당부를 하셨다.
"고생 끝에 낙이 온다"
"게으르면 가난이 따라 다닌다"

그때는 그 말의 의미를 잘 알지 못했다
낙(樂)이 무엇을 뜻하는 지도
이순을 넘어 고희를 바라보는 나이
이제야 어렴풋이 감(感)이 온다

고생은 경쟁에서 오는 피로감이요
낙은 성취에 따른 자기만족감이다

인간은 끊임없는 경쟁 속에서 성장한다
경쟁을 포기한 삶은 곧 죽은 삶이다

삶의 진정한 낙(樂)은 어디에서 오는가
누구에게도 의존하지 않고
스스로 살아갈 수 있는 자존감에서 온다

천상천하유아독존(天上天下唯我獨尊)

누구도 나를 대신하여 살아줄 수는 없다
부모도, 가족도, 사회도, 국가도……
인생은 오롯이 나의 몫이요 내 책임이다.

소소한 행복

매일 깨끗한 물로
샤워를 할 수 있고

식욕이 당겨서
맛난 음식을 먹을 수 있고

속이 시원하게
용변을 볼 수 있고

걷고 싶을 때
마음대로 걸을 수 있고

언제나 사랑할 수 있는
가족과 친척이 있고

따뜻한 안부를 전할 수 있는
믿음직한 친구가 있고

그 무엇보다 아직 살아있다는 것
그것이 행복이 아니고 무엇이겠는가?

그저 사는 게 사는 거야

'사는 게 왜 이렇게 힘이 들까?'
그리 생각하다 이내 마음을 바꿉니다

'세상에 힘들지 않은 삶이 어디 있어?'
그래도 간사한 생각이 유혹을 합니다

'행여나 남들보다 편히 살 수는 없을까?'
그러나 곧 부끄러운 생각을 후회합니다

'나만 편히 살려다 패가망신하는 꼴 못 봤어?'
그리해서는 안 된다는 생각에 안도합니다

'저승은 힘들지 않다는데 과연 그럴까?'
알 순 없지만, 그때까지는 참고 살렵니다

누군가의 손길이 되고 싶다

동네 미장원에서 머리 손질을 한다
미용사의 손길이 무척 부드럽다

쓱싹쓱싹 가위질 지나가는 소리에
나도 모르게 스르르 눈을 감는다

누군가의 따뜻한 손길은
사람의 마음을 참 편안하게 한다

배가 아플 때나 머리가 아플 때
따뜻하게 어루만져 주시던
어머니의 손길이 그러하였고

착하고 대견한 일을 하였을 때
넌지시 머리를 쓰다듬어 주시던
담임선생님의 손길이 그러하였다

힘들고 슬픈 일이 있을 때마다
슬며시 두 손을 잡아주던
아내의 손길이 그러하였고

지치고 어려운 일이 있을 때
가만히 어깨를 감싸주던
친구의 손길이 그러하였다

나도 누군가에게 손길이 되고 싶다
지친 삶에 무너져 내린 사람들에게
다정한 위안의 손길이 되고 싶다.

그래도 이승이 좋지 아니한가

석양에 바라보는 이 세상은
그 얼마나 아름답고 좋은가

우주로 이어지는 광활한 하늘
바다로 흘러가는 질푸른 강물

구름은 단비가 되어 내리고
풀잎은 강바람에 춤을 추네

인간의 헛된 욕심만 버린다면
세상은 그래도 살만하지 아니한가

주목처럼 천년은 살지 못할지라도
신이 내린 천수는 누리고 가야지

저승에 빨리 간다고 무엇이 달라질까
아무렴 이승이 저승보다 못할라고……

무위의 불편함

할 일이 없으면 얼마나 편할까?
간절히 기도하던 시절이 있었다

어느 날부터 할 일이 없어지니
몸은 편해도 마음은 불편하다

해야 할 일이 없으니
사람 만날 기회가 줄어들고
어쩔 수 없이 외톨이가 된다

외톨이는 무척 외롭다
외로움이 쌓이면 병이 된다
우울증이 오고 치매로 돌변한다

할 일이 없어지면
스스로 할 일을 만들어야 한다
할 일이 저절로 생기지는 않는다.

갈등

칡(葛) 넝쿨은
기생하는 나무 위를
왼쪽에서 오른쪽으로
감아서 올라가고

등(藤)나무 줄기는
오른쪽에서 왼쪽으로
감아서 올라간다

서로 올라가는 방향이 달라
칡넝쿨과 등나무 줄기가
한 나무에서 만나 기생하면

서로가 서로를 끊임없이
옭아매면서 올라가니
칡이 죽나 등나무가 죽나
치열한 생존경쟁이 벌어진다

칡이 이기면
등나무가 죽고
등나무가 이기면

칡이 죽을 수밖에 없다

칡과 등나무가
끝까지 다툼을 벌이면
결국 죽어나는 것은
기생하는 나무다

칡과 등나무는
지향하는 방향이 달라
서로 만나지 않는 것이
각자가 잘 사는 길이다

분수를 아는 삶

분수는 나눗셈의 몫이다

자기에게 주어진 몫을 알고
거기에 만족하면서 사는 것
그것이 분수를 아는 삶이다

분수는 여럿이 나눌수록
각자의 몫은 적어지는 법
몫이 적어야 함께 행복한 삶

정량보다
많이 먹으면 배탈이 나듯
자기 몫보다
많이 차지하면 탈이 난다

언제나 자기 몫이 적다고
불평을 늘어놓으면 까탈이요
자기 몫보다 많이 달라고
공연히 생떼를 쓰면 앙탈이다

‘카르페 디엠(carpe diem)’

“나는 왜 이 세상에 태어났을까?”
“나는 왜 사는 걸까?”

세상에 이처럼 우매한 질문이 또 있을까

생과 사는 인간의 의지와 무관한 것

태어났으니까 사는 것이요
살아있으니까 사는 것일 뿐

인간이 품어야 할 의문은 오직 하나

“나는 도대체 어떻게 살아야 할까?”

로마 시인 ‘호라티우스’는 이렇게 답했다
‘카르페디엠(carpe diem, 오늘을 즐겨라)’

과거는 이미 사라져 버린 부존재
미래는 올지, 안 올지도 모르는 미지수

작지만 지금, 이 순간들이 모이고 쌓인 것
그것이 바로 참다운 인생이 아니겠는가

‘아모르파티(Amor Fati)’

힘들게 올랐던 산길을 도로 내려가고 있다
올라올 때보다는 한결 편하고 쉬워졌지만
여전히 산길은 온갖 장애물투성이
한눈을 팔다가는 언제 추락할지 모른다

가끔은 숲속 그루터기에 앉아 쉬면서
이제껏 지나왔던 길을 되돌아본다

안타깝지만 살아오는 동안 내 의지나
내 희망대로 이루어진 일은 거의 없었다
이루어진 게 있다면 운수소관
다행스럽게도 운이 좋았을 뿐

운이 따르지 않아 이루어지지 않은 게 있다고
후회스럽거나 원망스럽지는 않다
설사 내가 바라는 대로 이루어졌다고 한들
내 인생이 크게 달라지지는 않았을 것이다

운칠기삼(運七氣三)이라고 했던가
운명에 목을 매달고 살 필요는 없지만
그렇다고 운명을 거부할 일도 아니다

신이 내게 부여한 운명이 있다면
거기에 순응하면서 살다가 떠나는 게
올바른 삶의 태도가 아닐까?

이제 산에서 내려가다 보면 좋은 일도 있고
때로는 더욱 어려운 일도 만나겠지만
계곡물 흐르듯이 순리대로 걷다가 보면
어느새 종착점에 다다르겠지

'아모르 파티(Amor Fati)'
내게 주어진 운명을 즐기면서 사는 거야!
걱정이나 근심 따위는 필요 없어
어차피 한번은 떠나야 할 인생인걸
Life is life! 인생은 그저 인생일뿐이야

인연의 덫

솔숲이 울창한 고향에서 자라나
효송이라는 아호를 얻었으니
이는 우연일까 아니면 필연일까?

지구라는 행성에서 태어나
군성이란 별칭의 고교에서 배우고
미성이란 이름을 가진 집에서 살고 있으니
이는 우연인가 아니면 필연인가?

이것이 우연이 아니라 필연이라면
나 죽어 육신은 솔숲이 우거진 흙으로 돌아가고
영혼은 어느 이름 없는 항성으로 사라지리라

하산하는 길

산에서 내려오다가
산 중턱 매바위 위에 앉아

힘들게 올라온 길을
가만히 내려다 본다

까마득히 먼 저 길을
오르고 또 올라서 왔구나

때로는 길을 잘못 들어
뒤돌아 가기도 하고

때로는 길을 잃어버리고
정처 없이 헤매기도 했었지

이제 내려가는 길은
서두를 필요가 없어라

어차피 그 길은
끝나게 되어 있으니까

나의 길(My Way)

내가 걸어가고 있는 이 길은
분명 끝이 보이지 않는 길
This way I am going to is
Truly the endless one

그러나 이 길은 숙명적으로
언제 어느 곳에선가는
반드시 멈춰야 하는 길
But It is the inevitable way
On which I ought to be stopped
Anytime Anywhere

그렇다고 내 마음대로 멈출 수도
함부로 되돌아갈 수도 없는 길
Nevertheness,
The way I can not stop by myself
As well as I can not go back to

언제 어느 곳에서 멈추게 될지
도무지 알 수 없는 미지(未知)의 길
It is the unknown way

That I will never be able to know
When and Where I would stop

만약 이 세상에 나를 데리고 온
전지전능한 창조주가 있다면,
If there exists the almighty God
Who took me to this world,

그에게 꼭 물어보고 싶은
풀리지 않는 의문 두 가지
The two unsolvable questions
Which I would like to ask him

"나의 종착점은 어디인가?"
Where is my destination?

"여기선 얼마나 남았을까?"
How far is it from here?